MA VIE
PLEINE DE TROUS

OUVRAGE PUBLIÉS PAR ALPHONSE BOUDARD

Aux Éditions de la Table Ronde

L'HÔPITAL.
LA CERISE. (Prix Sainte-Beuve 1963.)
CINOCHE.
BLEUBITE.
LES COMBATTANTS DU PETIT BONHEUR. (Prix Renaudot 1977.)
LE CORBILLARD DE JULES.
LE BANQUET DES LÉOPARDS.
LA MÉTAMORPHOSE DES CLOPORTES.
LE CAFÉ DU PAUVRE.
THÉÂTRE : LES SALES MÔMES.

A la librairie Flammarion

LES ENFANTS DE CHŒUR.

La Jeune Parque

L'ARGOT SANS PEINE OU LA MÉTHODE À MIMILE.
(En collaboration avec Luc Étienne.)

Collection « Livre de Poche »

L'ARGOT SANS PEINE OU LA MÉTHODE À MIMILE.
(En collaboration avec Luc Étienne.)
LE CAFÉ DU PAUVRE.
LA MÉTAMORPHOSE DES CLOPORTES.
LA CERISE.
L'HÔPITAL.
CINOCHE.
LA FERMETURE.

Collection « Folio »

BLEUBITE.
LES COMBATTANTS DU PETIT BONHEUR.
LA MÉTAMORPHOSE DES CLOPORTES.
LE CORBILLARD DE JULES.
LE BANQUET DES LÉOPARDS.
LES ENFANTS DE CHŒUR.

Aux Éditions Robert Laffont

LA FERMETURE.

Aux Éditions Grasset

L'ÉDUCATION D'ALPHONSE

ALPHONSE BOUDARD

MA VIE PLEINE DE TROUS

RACONTÉE À DANIEL COSTELLE

Plon
8, rue Garancière
PARIS

OUVRAGES PUBLIÉS PAR DANIEL COSTELLE

A la Librairie Larousse

HISTOIRE DE L'AVIATION.
(ouvrage couronné par l'Académie française)
HISTOIRE DES TRAINS.
HISTOIRE DE LA MARINE.
HISTOIRE DES JEUX OLYMPIQUES.

A la Librairie Flammarion

LES PRISONNIERS.

ISBN 2-259-01705-3

I

La Cerise

1

Il est là, je suis là, je le laisse écrire. C'est exceptionnellement calme. Juste le petit bruit de souris de l'imagination qui court sur la page, et son sourire, inimitable, quand il sait qu'il a trouvé le mot idoine, l'adjectif installé comme il faut, net, incisif, et il se marre, et j'imagine ce que ça va être. Puis il regarde en l'air. Tous les écrivains regardent en l'air à un moment, ça montre qu'ils cherchent. Il me regarde et repose son crayon. Il a l'air un peu fatigué. Faut dire qu'il est tard, chasser le boudard est un sport fatigant, pour le boudard et pour le chasseur. Depuis longtemps, il pratique les trois-huit, le scénario le matin, les trucs à faire, les gens à voir (éditeurs, réalisateurs, télés, etc.) l'après-midi, l'écriture la nuit. Personne n'y résisterait. Mais comme il a été un grand malade, il traverse tout ça, poussif mais debout. Les autres tombent. Moi je résiste encore, tellement je suis intéressé. Et là, depuis un petit moment il réfléchit, il a posé aussi ses lunettes qui tiennent avec une cordelette, seul truc un peu précieux de son attirail — tout le reste est simple, sympa, marrant, bon enfant. Alors bon, il a posé ses lunettes et il a démarré comme ça :

« Tu comprends, autrefois, un enfant naturel ne pouvait pas entrer dans la carrière, il ne pouvait pas être diplomate, amiral, j'étais déjà barré de ce côté-là... Après, j'ai été condamné, ça m'empêchait d'être facteur, gendarme... Ensuite, j'ai été tubard, j'ai eu huit côtes en moins, je ne pouvais plus être terrassier. Qu'est-ce que tu voulais que je foute ? je suis devenu écrivain... »

J'ai rencontré pour la première fois Alphonse Boudard en 1966, pour une émission littéraire que je produisais à l'époque. Je venais de lire, ou plutôt de dévorer *la Cerise,* et j'en rigolais encore. C'était une vraie découverte, comme on en fait tous les dix ans, le sentiment euphorique d'avoir, page après page, lu quelque chose d'absolument nouveau, et tellement proche, tellement vrai...

Et l'humour, si rare dans notre littérature des « modernes ».

Il m'avait donné rendez-vous dans une HLM proche de la prison de Fresnes. Premier étonnement ; j'imaginais quelque masochisme absurde à être resté, comme ça, à deux pas de sa cellule. J'allais savoir bien plus tard la raison — émouvante — et je vous la dirais, en son temps, dans ce livre où je vais raconter la vie d'Alphonse, une vie tout à fait extraordinaire.

Il s'était installé depuis peu dans ses nouveaux meubles littéraires et cinématographiques et il était pas contre : il était même stupéfait de l'allure que ça prenait. La vie parisienne, la célébrité, les critiques, ça marchait ! Ça rapportait pas tellement, à cause des amendes, les dommages et intérêt, toute une énorme casserole encore accrochée solide, et pour longtemps. Dans un coin traînaient deux garçons, pour achever d'indiquer une vie de famille, ici à L'Haÿ-les-Roses, imprévue quand on connaissait un peu le passé de l'homme, sans compter ce qu'on pouvait imaginer.

Alphonse est né le 17 décembre 1925, à Paris, dans le XVe.

« Je suis ce qu'on appelle un enfant naturel. C'est-à-dire que je n'ai jamais connu que ma mère. »

Ma mère, c'était une apparition de temps en temps. Elle était belle et parfumée. Elle arrivait à l'improviste, elle nous ramenait du fric, des victuailles, de quoi vivre. Ce qu'elle faisait... Je ne cherchais pas à le savoir, je ne posais jamais de questions. Ça a toujours été comme ça... une sorte de loi... la bouche cousue sur les choses importantes. Que dire au fond ? J'ai pigé assez vite et je n'ai pas fait de commentaire.

Voilà : c'est sa seule apparition, ou presque, dans *les Combattants du petit bonheur.* On la revoit un peu, quelques lignes plus loin, en train de mourir. Comme dit Alphonse :

Il me faudra encore du temps pour parler de ma mère comme je le voudrais, sans que ça me coince...

Quinze jours après sa naissance, le petit Alphonse (mais, au fait, à ce moment-là il ne s'appelle pas Alphonse, mais Michel, et pas Boudard. Ce pseudonyme, il va le prendre chez Plon en 1962. Son vrai nom, il ne le dit pas), le petit Alphonse, donc, est placé, comme on disait alors, en nourrice, à la campagne.

J'y suis allé, dans cette campagne, avec Alphonse, c'est dans le Loiret, à Bellegarde. On ne peut pas faire mieux comme France profonde, mesurée, prudente, ses arbres, son herbe, son soleil, tout y est tranquille, et pas vraiment riche. Les parents nourriciers s'appelaient Trimouille, ça ne s'invente pas. La maman d'Alphonse était très bien tombée :

« C'étaient de braves gens, des pauvres. Ils avaient quatre lopins de terre, deux chèvres, des poules et des lapins. Les gosses étaient un petit revenu pour eux. La plupart du temps, ils étaient mal placés par l'Assistance publique, mais là, c'était bien. C'étaient des gens sans façons et sans aucun problème. J'étais un petit plouc parmi les autres. On jouait, on suivait les travaux des champs. On était très vite incorporés à la vie. Je crois que c'était important...

« Ça se passait sans qu'il y ait de rupture. Les premiers souvenirs que j'ai, c'est d'avoir suivi le père Trimouille dans les champs, été voir battre le grain, d'avoir accompagné la mère Trimouille quand elle allait à Bellegarde porter ses lapins ou ses poules ou qu'elle allait faire ses courses. C'était tous les lundis et c'était un grand événement. Je voyais pousser les fruits et les légumes. Je suivais le père Trimouille quand il labourait et j'ai encore en tête ce spectacle de la terre qui se met à s'ouvrir, les vers de terre que j'allais chercher. Je l'aidais à ramasser les pommes de terre aussi. Il creusait et on mettait les patates dans un seau. Et puis on allait porter les seaux pour faire un tas.

« Ce qui se passe dans les premières années d'un homme est capital. J'ai eu longtemps la nostalgie de Bellegarde et du Loiret. J'ai eu longtemps dans la tête l'idée que j'aurais pu être paysan. Le père Trimouille, sans le vouloir, avait une méthode d'éducation qui n'était pas mauvaise : il m'avait donné un petit coin à cultiver, à moi. Je faisais pousser des trucs. Et quand ça avait mûri, on les mangeait et c'était formidable. C'est moi qui les avais faits. Je suis resté un peu paysan, vraiment, dans le fond de mon caractère. J'ai des réactions devant certaines choses qui sont des réactions de plouc, il y a pas de doute. Je suis resté toujours un peu plouc. Il y a des gens par exemple que je fréquente difficilement parce que je ne me sens pas à l'aise et que ça doit peut-être nuire à ma carrière, j'en sais rien, je m'en fous de ma carrière d'ailleurs, mais c'est ça. Dans le milieu littéraire par exemple, et puis mes rapports avec les choses, les gens, je crois que c'est resté un peu comme ça.

« Plus tard, en prison, quand on m'a envoyé au Centre national d'orientation, on a essayé de savoir ce que j'étais professionnellement. On m'a montré des tas de choses, des outils, on m'a posé des questions et à la fin on en a conclu que j'étais fait pour être agriculteur.»

2

Il m'avait déjà raconté ça il y a vingt-cinq ans. J'étais assis au bord de la table dans son F 3 meublé modeste.

Il avait l'air en bonne santé, mais il paraît que les grands tubards, ça trompe ; plus tard, il m'expliquera qu'en fait il y en a de toutes sortes, des Chopins faméliques ou des gros rougeauds, on peut pas savoir. Il avait l'air honnête aussi, je veux dire, franc, simple, direct, et pas marqué par la prison ; j'avais rencontré quelques anciens taulards, et la plupart étaient secs, durs, avec cette sorte de méchanceté *a priori,* de protection contre les inévitables coups du sort. Non, lui, d'emblée il avait plutôt l'air sympa, et c'est ça sans doute qui l'avait sauvé : son côté bonasse, conciliant, paisible. Il tolérait tout, ne cherchait noise à personne, et son gabarit dissuadait quand même pas mal. Et aussi sans doute l'humour : dans les circonstances les plus difficiles, il se marre, il transcende, transfigure, fait rire de tout et même du pire. On a l'impression qu'il est toujours un peu à côté, dans un autre univers : il s'abstrait, assimile, pour s'en servir plus tard. Dès l'enfance, toutes ces années difficiles de la guerre, de la résistance puis de la délinquance et de la prison, il s'est en quelque sorte constamment détaché ; il était témoin plus qu'acteur ; il vivait, surtout en prison, dans cet autre univers en question, celui de la découverte sans cesse renouvelée, avec extase, de la culture, de la littérature ; maintenant, pensais-je pendant que Gisèle mettait la table, il est de nouveau détaché, ce monde tout à fait étrange dans lequel il a plongé, il s'en détache aussi parce qu'il se concentre sur l'écriture. Et en écoutant, pendant le repas, en regardant et en prenant des notes, je m'interrogeais aussi sur cette question-là : il écrit, il a réussi un livre formidable : *la Cerise,* et il a publié aussi la très agréable et amusante *Métamorphose des cloportes,* mais va-t-il tenir le coup ? C'était aussi la question que se posait son éditeur, comme d'ailleurs tout éditeur face à un nouvel écrivain. Va-t-il avoir le souffle pour continuer ?

Vingt-cinq ans plus tard, il a répondu à la question. C'est sûr. Il y a du bon et du moins parfait, comme pour tout le monde. Je n'ai pas une passion pour *le Banquet des léopards* malgré des personnages très drôles. Mais *l'Hôpital, Cinoche, Bleubite, le Café du pauvre,* quel génie !... Et quand il a eu le Renaudot pour *les Combattants du petit bonheur,* Gisèle, dans les salons brillants de lumière où le Tout-Paris venait féliciter, embrasser, au milieu des flashes, des spots, des caméras, Gisèle, qui avait tellement souffert, tellement couru, tellement aimé dans les pires épouvantes, elle se reposait, tout d'un coup, au milieu des rires bruyants, des félicitations et des petits fours. Un immense sourire mêlé de larmes. On y était arrivé, au-delà de toute espérance, à se sortir de la merde.

Vingt-cinq ans plus tard, donc, je suis avec Alphonse dans le XIIIe arrondissement de Paris, pour continuer le récit de sa vie. Je le regarde se balader dans les rues de son enfance, à grandes enjambées. Il n'a pas changé depuis notre première rencontre. A peine un peu de bide, parce qu'on peut pas manger souvent chez Denise sans conséquences : c'est pas de la vraie diététique. Mais il faut dire qu'Alphonse a gardé de son enfance, de la guerre, de la taule, de toutes ces interminables années de privations, une incroyable envie de bouffer, et pas de la nouvelle cuisine, qu'il déteste, du vrai bon gras bœuf bourguignon, que je te prends ça à bras-le-corps et je te l'avale.

A part ça, il n'a pas beaucoup vieilli — bien moins que moi, et que tous les autres — il a toujours son visage régulier de matador tranquille, et son œil goguenard et incisif qui suit les derrières des filles et les fait se retourner, tout de suite intéressées.

Le XIIIe arrondissement de Paris, c'est devenu Taiwan, Hong Kong, c'est Chinatown, comme dans les films, poussiéreux, glauque, mystérieux. Reste pas grand-chose du quartier misérable qu'a connu Alphonse en arrivant en 1932. Il avait six ans. Sa mère l'avait confié à sa grand-mère.

« C'était un déchirement de quitter les Trimouille. Dans le Loiret, j'avais connu la pauvreté, dont on ne se rendait pas bien compte ; ici, c'était la misère. C'est pas du tout la même chose. Tu vois, il reste quand même ces vestiges... »

Il me montre un passage sordide entre deux immeubles noirs, vétustes, délabrés, dans cette ZAC, ZOC ou ZIC, je ne sais pas, une zone qui va probablement disparaître pour laisser la place aux Chinois.

On entre dans le passage, le plafond est bas, Alphonse courbe la tête :

« C'était pas allumé, ce couloir... une des blagues qu'on faisait c'était d'accrocher un rat à la hauteur des têtes, et puis on attendait, on se marrait. Les gens qui arrivaient se coltinaient le rat dans la gueule... »

Il a une voix inimitable, Alphonse. C'est un condensé de toutes les parisienneries ménilmontaniennes, tous les parlers argot, inventifs et rigolards, de Belleville à la Glacière. C'est Arletty, c'est Maurice Chevalier, ça n'arrête pas d'être drôle. Quand on lit Boudard, il faut avoir dans l'oreille ce parler grasseyant et pas honnête.

« Regarde ça... »

On vient de déboucher dans une cour misérable.

« Tu te rends compte ! là c'était les chiottes. Avec une porte en bois. Y avait un type qui avait l'habitude de chanter à l'intérieur : " C'est là que je voudrais vivre. " Ça nous faisait marrer, un jour on a pris des planches et on l'a cloué dedans. »

Nous, c'étaient Alphonse et son meilleur copain — qui le restera toute sa vie, et sa disparition récente a laissé Alphonse inconsolable — c'était « Musique ». Jo Dalat, dit Musique, parce qu'il sait, d'instinct, jouer de l'accordéon. C'est vraiment des noms, des sobriquets et des personnages d'un roman du XIXe, proches de Hugo, de Zola : on vivait comme les Misérables, et c'était Gavroche ; de Zola, parce qu'on éclusait des tonneaux de Gévéor, le pinard le moins cher :

« Y en avait un surtout qui éclusait une quantité extraordinaire de vinasse, d'un bout de l'année à l'autre, c'était le père de Musique. On l'appelait Tataouine.

« Lui, il sortait plutôt d'un roman d'Eugène Sue, c'était un personnage de Bruant... Il avait le déguisement des malfrats de la Belle Époque, la gapette, la ceinture rouge de flanelle, les bénards pattes d'éléphant. C'était un poète dans son genre, un raconteur d'histoires. Il avait été aux Bat'd'Af, les bataillons d'Afrique, les unités disciplinaires composées de voyous qu'on envoyait casser des cailloux au grand soleil de Tataouine, en Afrique du Nord. Il racontait des trucs à n'en plus finir... Et il était communiste, comme les trois quarts des habitants du quartier. C'était l'arrondissement le plus rouge de France. Aux élections de 36, ils avaient élu le fameux André Marty, le mutin de la mer Noire, futur exclu du parti. A l'époque, tout le monde travaillait à l'usine Panhard à côté ; c'était comme l'église au milieu du village, l'église rouge... Et puis des personnages... il y en avait... y avait aussi le frère de Musique, il a tourné julot. Il se tapait une mémère qu'on appelait la Boiteuse. Y avait un invraisemblable noble décavé qui vivait avec une ivrognesse à qui il filait des raclées, on l'appelait Marie Coin-Coin... Y avait une Anglaise sortie de Dickens qu'on appelait Miss Rosbif... elle avait épousé un cocher de chez Maggi... Il avait pris un coup de pied de cheval... toute la famille vivait dans une misère noire... et la pauvre Rosbif, elle était la proie des commères du quartier. Anglaise, elles aimaient pas ça, ça faisait prétentieux... Et Bouboule ! Un ancien prof d'histoire qui avait pris un coup sur la tête à Verdun. Il se mettait en scène dans de grandes circonstances historiques : “ Alors Napoléon il m'a dit, ‘ Bouboule ! Va chercher le drapeau des Autrichiens ! ’ C'était notre fétiche... ” »

Ce qui est capital, c'est bien que dès ce moment Alphonse emmagasine. Diaghilev disait à Cocteau : « Étonne-moi ! » Alphonse est un perpétuel étonné, et toutes les extravagances de la vie se gravent en lui, pour ressortir, en jet, en gros bouillons, en touffes de mots, plusieurs décennies plus tard. Ce seront *les Combattants du petit bonheur.* Tout le quartier y est, inénarrable :

Le grand cortège des ivrognes qui tanguent, éructent, rotent, dégueulent, roulent sur les trottoirs... la chaussée.

Ça chopine, ça lape, ça liche, s'humecte, siffle, pompe... les guindais, les glass, les quarts, les gobelets... au goulot, à même la barrique !... Pousse-café, pastaga, scotch, beaujolpif, blanc de blanc, calva... Ourdés à mort, juponnés, pafs, pintés, défonçaresse... j'en passe... le vocabulaire dans ce domaine... d'une variété, richesse...

Boudard est-il un enfant de Céline ? Je ne crois pas. Je ne crois pas qu'il ait le moins du monde copié ou même que l'influence de Céline ait été prédominante. Je crois que Boudard pensait Céline, parlait Céline (je parle du style, bien sûr, pas des idées), bien avant de savoir que Céline existait. Il s'est mis à écrire comme il parlait, sans doute peut-être aussi parce que la lecture — enthousiaste — de Céline lui avait montré qu'on *pouvait* écrire comme ça. Qu'on pouvait être chez Gallimard et écrire avec cette liberté, cette force tirée des entrailles du peuple.

Alors, *les Combattants du petit bonheur*, c'est d'abord tout ce passé du XIIIe :

Le passé... la belle époque ! le plus joli temps... piège à cons lui aussi...

Il y a des hauts et des bas. Haut les copains, bien sûr, et d'abord Musique. Bas, l'école, Alphonse est tellement intelligent qu'en d'autres circonstances il aurait fait Polytechnique, l'ENA, l'Inspection des Finances et qu'il aurait fini Giscard, quel désastre ! Mais là, évidemment, pas question ; le destin, quand vous venez d'une telle panade, vous amène droit là où il a été.

Donc, côté école, c'est la communale, avec au bout, le certif :

« J'avais le certif, mais seulement, le certif de 1938, ça valait le bac de maintenant, je te signale. Parce que je connaissais la règle de trois, je savais écrire une page sans faire de faute d'orthographe... Avec le certif de 1938 on pouvait devenir écrivain. Ça me sert encore le certif. »

Alphonse s'est assis près de la porte en bois des chiottes. Il médite cette profonde pensée, puis regarde autour de lui, et sourit :

« Y a eu le Front populaire, les grands défilés avec Duclos, Thorez, des 14-Juillet révolutionnaires. Mais moi, je me rappelle surtout l'arrivée de la radio. Quand ma grand-mère a eu un poste, elle est devenue folle de Tino Rossi. C'était un grand moment culturel. Y avait en particulier une chanson, moins connue que *Marinella* ou *Tchi-Tchi*. Une extraordinaire qui disait :

C'est un joyeux bandit
Qui de rien ne s'alarme
Sa voix dans le maquis
Attendrit les gendarmes
Sa voix pleine de charme
Les prend et les désarme
Et le joyeux bandit
S'envole dans la nuit...

« On n'invente pas des choses pareilles... ça reste dans l'histoire. »

Alphonse adore chanter. Il aurait bien voulu devenir Chevalier ou Montand. De temps à autre, aux moments les plus imprévus, il se met à pousser la chansonnette, celle qui revient à l'esprit, comme tout à coup, cette ritournelle de son enfance :

Y'a Jésus-Christ qu'a une quéquette

Qu'est pas plus grosse qu'une allumette,
Elle lui sert pour faire pipi,
Vive la quéquette à Jésus-Christ !

Et de rigoler.

3

C'est sur ce petit monde que va s'abattre la grande catastrophe. Tout est raconté superbement dans *les Combattants du petit bonheur* — la défaite, l'arrivée des Allemands et Alphonse — qui est devenu un grand échalas de quinze ans — qui s'enfuit, comme tout le monde, dans l'immense panique de l'exode. Avec un copain, à vélo, ils se faufilent dans l'incroyable pagaille, jusqu'à la Loire. Là, il assiste, épouvanté, aux mitraillages, à la prise d'assaut des ponts, il touche le fond de la débâcle.

Je raconte cela pas seulement parce que c'est un épisode de sa vie, mais aussi parce que je suis sûr qu'il éclaire un autre aspect de sa personnalité : un très profond scepticisme. Quand, après le XIIIe et sa misère, on voit cela, qu'on s'ouvre à la vie sur un tel théâtre, tout devient relatif, les cocoricos, la politique, les serments et les slogans. Alphonse va désormais regarder et écouter tout ça avec une très grande méfiance. S'il va s'engager, plus tard, c'est plus par aventure que par conviction. Joignez à cela un autre scepticisme à l'égard de la bonne vieille morale telle qu'on l'enseignait dans les écoles communales de Jules Ferry, et vous avez déjà, à cet âge-là, les premières composantes du glissement progressif vers la délinquance. D'ailleurs, quand il revient à Paris, quinze jours plus tard, il vole un vélo. Mais pas n'importe lequel. Le vélo d'un Feldgendarme, la police militaire allemande. Ce n'est pas vraiment un acte de résistance. C'est un simple vol, évidemment plus culotté parce que la machine, peinte en vert-de-gris et marquée d'un numéro de la Wehrmacht, avait dû donner des palpitations au gamin au moment du chouravage. Mais qui vole un vélo vole un bœuf, la suite va le confirmer.

Une deuxième composante arrive très vite : Alphonse fait connaissance avec le monde — tout à fait épouvantable — du travail, du labeur quotidien, pouah !

« C'était en 1941, j'ai été travailler chez Deberny et Peignot, une fonderie de caractères. La maison Deberny avait été fondée par Balzac, parce qu'il était l'amant de Mme Deberny. Il y avait d'ailleurs une plaque dans l'entrée. J'étais déjà, dès seize ans, sous les auspices de Balzac. Je n'en savais rien et quand je voyais cette plaque, je disais quel emmerdeur celui-là qui a fait cette taule. A ce moment-là, on était en pleine guerre, on manquait d'ouvriers, la plupart étaient prisonniers en Allemagne. Il y avait des vieux ou des tout jeunes comme moi. Je dois dire que je n'étais pas un très très bon travailleur. Je traînassais un peu, je faisais les courses, je travaillais à des machines où l'on faisait des interlignes et je menais ma petite vie comme je pouvais. J'apprenais pas grand-chose. C'est pas que j'étais pas doué, c'est que j'étais flemmard et que j'essayais de tirer au cul de toutes les façons. C'était ma grande doctrine. Ce qu'il y avait surtout d'épouvantable à l'époque, c'est qu'on crevait la dalle, qu'on partait dès le petit matin dans le métro, qu'on avait froid, rien à bouffer... »

Alphonse frissonne rien qu'à l'idée. C'est l'évocation la plus difficile : les restrictions sous l'Occupation :

Nous arrivait de Germanie le mot ersatz... on allait se le déguster... le beurre d'anthracite, les bonbons à la saccharine, le café à l'orge grillée, le camembert à 0 p. cent de matière grasse, le tocao sans cacao...

« C'est un passage très drôle des *Combattants du petit bonheur* où tu parles évidemment aussi des topinambours, des rutabagas, des soupes d'orties, et puis de trucs de plus en plus étranges... des galantines aux résidus de poisson, d'étranges sifflards dont on se demandait si c'était du chat, du chien...

— Oui, j'ai même connu un gars en cabane qui avait fait des sifflards avec des Allemands qu'il butait. On avait littéralement rien à bouffer. Et il y avait la queue... Aujourd'hui, quand il y a une queue à un cinéma, même si c'est un film que je veux voir, je peux pas, je m'en vais... je suis devenu queuephobe...

« D'ailleurs, en parlant de cinéma, dans mon quartier y en avait plusieurs. L'un était un ancien théâtre, le théâtre des Gobelins, devenu aujourd'hui ce qu'ils appellent un complexe cinématographique avec plusieurs salles. Mais à l'époque, il n'y avait qu'une grande salle avec quatre étages, des balcons, et là, le spectacle était dans la salle. Pendant l'Occupation, on s'est fadé pas mal de films, des espèces de reconstitutions historiques. Des films italiens... Au lieu des ouvreuses, il y avait des ouvreurs. On prenait des ouvriers des usines du coin qui se faisaient un petit supplément en vendant des chocolats glacés, parce qu'il y avait trop de castagne dans le cinéma. Eux, ils arrivaient à séparer les combattants. Ce qui se passait dans cette salle !... On gonflait des capotes anglaises qui passaient devant l'écran, on engueulait les protagonistes du film, le traître, le salaud, etc. Il y avait des accouplements sexuels les plus bizarres au deuxième ou au troisième étage. En bas, c'était plus bon enfant mais au rez-de-chaussée, ils prenaient tout sur la gueule. On a jeté jusqu'à des rats. Ça glaviotait aussi sur ceux du rez-de-chaussée. Ceux qui prenaient un glaviot grimpaient pour se castagner pendant le film... Et aussi, pendant l'Occupation, on allumait la lumière au moment des Actualités. Parce que ça risquait de gueuler quand on voyait Hitler ou Mussolini.

« C'est un bon souvenir de l'époque. Ah et puis, très important, j'ai été dépucelé par une fille de l'atelier. Un soir de fête foraine, derrière la place d'Italie. Ça s'est passé debout, sous une porte cochère. Ça aurait dû me donner le goût des portes cochères, par la suite. Dans un bobinard, on m'aurait reconstruit une porte cochère pour tringler les mignonnes. Enfin, il y a peut-être une chose qui m'a intéressé, c'est la typographie. Ce passage dans le monde de l'imprimerie m'a laissé le goût des lettres, des belles lettres sur du beau papier. Sans jeux de mots.

« Enfin, tout ça, ça faisait pas ma vie. J'avais envie de partir, d'aller vers des aventures. C'est pour ça que j'ai été assez facilement attiré par la résistance... Il y avait pas mal de communistes dans l'atelier, j'étais plutôt tenté... je suivais le mouvement. Ils imprimaient des tracts la nuit. J'ai d'abord travaillé avec eux, puis, j'ai fait un peu de distribution... C'est comme ça que j'ai failli me faire prendre. J'ai été arrêté par une patrouille allemande, j'avais un paquet de tracts dans ma poche, et ils ont filé un coup de torche dessus, ça devait être des abrutis, ils ont rien vu, ils m'ont rendu le paquet. Alors là, j'ai chié dans mon froc.

« Évidemment, si on se faisait piquer, on se retrouvait dans une fournée d'otages, bons pour le peloton. Mourir à dix-sept ans...

« Après on nous a appris à monter-démonter des armes, et ensuite, grâce au réseau de l'atelier, je suis parti dans le maquis.

« Un coup de liberté, un coup de dinguerie, et j'ai plus jamais remis les pieds dans un atelier. »

4

Nous nous promenons, avec Alphonse, le long d'un étang de Sologne. C'est le soir, il fait doux, c'est très tranquille, très beau, avec les reflets des bois qui encerclent l'eau de leur masse sombre. Et inquiétante, j'imagine, à l'époque, parce que pleine de maquisards armés jusqu'aux dents, guérilleros intrépides fondant sur leur proie allemande et s'évanouissant dans l'ombre après avoir infligé des pertes sanglantes à l'ennemi abhorré...

« Ouais... ça aussi je l'ai raconté dans *les Combattants du petit bonheur.* C'était vraiment plutôt le petit bonheur. J'étais parti avec Musique, et faut voir le premier contact qu'on a eu : au kiosque à journaux de la gare d'Austerlitz. C'était le rendez-vous. Avec mot de passe et tout. Mais alors, notre chef, notre responsable clandestin, le capitaine Clovis, le tableau... il est là, comme prévu, devant le kiosque. Avec le journal *l'Œuvre* déployé » :

*On ne risque pas de ne pas le reconnaître ! Nul besoin ni d'*Œuvre *ni de mot de passe. Il est exact sous le panneau et il lit son canard sans le lire... il bigle à droite à gauche. Il roule des châsses. Sa façon de jouer aujourd'hui enchanterait les critiques d'avant-garde. Et, en plus, il est en uniforme... de chasseur alpin carrément.*

Le béret penché... une pèlerine... la vareuse... les molletières ! Les pompes à crampons montagnardes ! le sac itou... Sa tronche... menton énergique, l'œil martial ! A se demander si c'est pas un piège grossier qu'on nous a tendu... si ce gus n'est pas un gestapiste maladroit...

C'est avec ce genre de personnage folklorique qu'hélas les choses se passent la plupart du temps. Dans le cas d'Alphonse, cela va lui sauver la vie. Le capitaine (c'est le début de l'inflation des galons, plus tard on trouvera des lieutenants-colonels à sept galons, deux pour lieutenant, cinq pour colonel), le « capitaine » Clovis se révélera un pantin lamentable et finira par abandonner ses deux jeunes recrues. Incapables de lire une carte ni de se servir d'une boussole, ils vont errer dans les bois et manquer le rendez-vous à la Ferme du By, où sont déjà rassemblés une quarantaine d'autres jeunes gens, qui vont tous être fusillés... Un traître avait prévenu la Milice.

« Et c'est seulement le lendemain qu'on a appris le massacre parce qu'on a été racolés sur un petit sentier dans les bois par un garde-chasse qui appartenait à notre réseau et qui nous a planqués dans son grenier. On est restés là un long moment avant qu'on reçoive des armes parachutées par les Anglais.

« J'ai l'impression maintenant, quand je lis des récits glorieux sur cette période, qu'il y avait un aspect improvisation, un aspect boy-scout, un peu déconnant, avec quelques vieux briscards de la guerre 39-40 qui voulaient prendre une petite revanche et nous, comme on était des jeunots, on trouvait tout ça magnifique. On allait vivre une aventure !

« C'est un peu bizarre aussi : il y avait surtout, dans ce maquis, des polytechniciens. Nous deux, Musique et moi, on était comme des canards dans une couvée de cygnes.

« On a fait quelques coups de main, on a eu quelques accrochages... On approchait de l'été 44, ça commençait à aller très mal pour les Allemands.

« J'ai pourtant vraiment failli me faire tuer. On m'a envoyé à Paris pour participer à ce qui allait sûrement être une grande insurrection. Et moi, comme un con, au lieu d'obéir aux ordres, de partir sans rien, j'ai trouvé astucieux d'embarquer dans les sacoches de mon vélo une mitraillette Sten anglaise démontée et un revolver allemand, un Mauser. En pleine nuit, sur la route, j'ai vu surgir un convoi allemand. J'ai eu juste le temps de me précipiter dans le fossé. Je suis resté là, dans la flotte, transi, mort de trouille, pendant que les chleus passaient. Là ça a été vraiment moins une que je me fasse cravater. »

Nous marchons le long de l'étang, avec maintenant une sorte de pénombre qui envahit tout. Alphonse s'est un peu courbé, comme voûté. Il n'aime pas les mauvais souvenirs. Au bout d'un moment de silence, j'y vais de ma question classique, que je répète sans arrêt, sur le côté apprentissage de tout ça. A seize, dix-sept ans, manipuler des mitraillettes...

« C'est une certaine partie de cet apprentissage. D'abord, il y a une période qui est dans la rue, dans le XIIIe, avec les copains. Tous les gens qui ont été dans le maquis ne sont pas devenus des truands. Il y a eu effectivement un apprentissage, pour maîtriser la peur par exemple. Je me suis dit, à certains moments, il ne peut pas m'arriver pire. Si je suis pris par les chleus dans les circonstances que je vous raconte, je suis flingué. Plus tard, je serai arrêté par les flics français. Même si à l'époque ils vous filaient des roustes, on se retrouvait en cabane et on ressortait, c'est tout.

— En somme c'était moins dangereux.

— Oui, beaucoup moins dangereux. »

5

En tout cas, c'est un bon point. Avec ceux qu'il va maintenant récolter dans des escarmouches incertaines de la libération de Paris puis dans les combats de la Ire armée en Alsace, Alphonse, sans l'imaginer bien sûr, est en train de se fabriquer des circonstances atténuantes.

Quand on en sera aux situations extrêmement pointues dans lesquelles il va se trouver jusqu'au cou quelques années plus tard, les rappels de son héroïsme feront peut-être la différence. Entre la correctionnelle et les assises par exemple. Entre un très long séjour en prison et quelques années. De toute façon, ce sera très dur, mais ce chemin des écoliers de l'été 44 n'aura pas été inutile. Et il aura servi, comme toujours chez Alphonse, à le peupler de personnages.

De ce point de vue, la libération de Paris est une vraie mine :

« On était sur les barricades et il y avait des types qui passaient avec leurs serviettes pour aller bosser, tranquillement. Les autobus avaient été réquisitionnés pour transporter les collaborateurs qu'on avait arrêtés pour les envoyer à Drancy. Un de ces petits bureaucrates a vu son autobus, celui qu'il prenait avant guerre. Il est monté sur la plate-forme et puis il est arrivé à Drancy et là, on lui a demandé ce qu'il avait fait. " Rien, j'allais à mon boulot." Il est resté six mois. C'est une histoire complètement kafkaïenne. Il allait à son boulot, ce type, et ils l'ont gardé au placard sans aucun motif contre lui...

« Un autre mec, à notre barricade, qui est là, tranquille, qui tire quelques coups de fusil. Il s'est barré de chez lui, il a six gosses et tout d'un coup, une matrone radine qui l'attaque : " Comment Mimile, tu laisses ta famille, qu'est-ce que c'est que ce travail ? " Alors le mec penaud nous rend son fusil. On siffle tous, on se marre et il retourne chez lui faire la vaisselle dans son petit gourbi. Le rêve est fini pour lui...

« C'était le grand bonheur, quelque chose de formidable. J'ai vraiment vécu des heures inoubliables parce que j'étais un peu inconscient. Les SS pouvaient venir nous massacrer très rapidement, on avait peu d'armes. J'ai commencé l'insurrection avec un petit revolver à barillet de rien du tout. On a pris les armes sur les Allemands qui tombaient, c'était pas grand-chose. »

Alphonse me montre l'emplacement de la barricade, place Saint-Michel, près de la fontaine. A côté des portes de beaucoup d'immeubles du coin, il y a des plaques commémorant, pour la plupart, la mort d'un jeune homme ou d'un homme jeune, ce 19 août 1944. Alphonse a bien failli avoir sa plaque, lui aussi :

« Des Allemands dans un side-car étaient arrivés dans la rue... Tout le monde avait tiré et le conducteur avait été tué. Le side s'est emplafonné, il est sorti un chleuh qui est monté dans les étages, je lui ai couru après et je me suis trouvé coincé avec le fritz au-dessus de moi qui défouraillait et les autres FFI ou flics qui, eux, n'osaient pas monter à l'étage au-dessus. J'avais la conviction d'avoir fait une action très héroïque. Il a été buté après, l'Allemand. Mais lui il n'a pas de plaque. »

Mélange d'actions brutales, coups de folies, exécutions par erreur — tel cet Alsacien abattu d'une balle dans la nuque, pour rien —, actes de courage et grosses rigolades... Alphonse se libère en libérant la capitale.

Dans *les Combattants du petit bonheur,* toujours, il a fait une description cocasse de la suite, véritable Apocalypse en chambre :

Au deuxième ou troisième jour de l'insurrection, l'un des nombreux chefs décide de mettre un fusil-mitrailleur en batterie rue Danton. Il désigne d'un doigt fatidique un balcon du troisième étage.

Tout va se faire progressivement : un petit groupe — dont Alphonse — vient d'abord demander poliment à la concierge la permission d'entrer dans l'appartement en question. Embarras de la concierge, il y a des scellés, un juif habitait là, qui est parti en Amérique. Cet homme, qui a eu la chance d'échapper au massacre, ne sait pas à ce moment précis (il doit être, j'imagine, à New York en train d'écouter les nouvelles angoissantes de Paris) qu'à quelques heures près, il aurait pu être l'objet d'un deuxième miracle : retrouver, après le départ des Allemands, son bel appartement de la rue Danton intact, avec les tapis, la vaisselle, les meubles et les tableaux. Depuis quatre ans, par une bizarrerie du sort administratif, les scellés ont été mis, l'appartement oublié. Mais non, le destin frappe. Alphonse entre avec ses copains dans la pénombre d'un monde bourgeois resté endormi depuis 1940. On les voit, les mômes du XIIIe, avancer avec précaution, marcher sur les patins, ouvrir les volets, mettre leur fusil-mitrailleur en batterie sur le balcon. Deux jours plus tard, l'appartement, intégralement saccagé, totalement inhabitable, a vu défiler à peu près tous les combattants du quartier. Ils ont fait tout ce que peut faire n'importe quelle soldatesque, officielle ou non, se vautrer, casser, piller, baiser, boire, dégueuler, etc.

Alphonse, lui, ne s'est véritablement intéressé, dans ces deux jours, qu'à la petite voisine du dessous. Il est allé sonner, poliment, et il a vu un univers parallèle : pendant que la moitié de Paris était en état d'insurrection, l'autre moitié faisait tranquillement son travail, on l'a vu plus haut. Ici, un adolescent chic et bien élevé, occupé à préparer ses examens et, surtout, une ravissante jeune fille toute proprette et parfumée, qui met littéralement Alphonse en transes.

Mais que faire ? la petite mignonne acceptera bien quelques petites minauderies de son guérillero. Mais pas davantage. Et adieu, on n'est pas de la même galaxie.

Pourtant lorsque, quelques heures plus tard, arrivent les sauveurs de la 2e DB et les magnifiques Américains sur leurs chars, la petite mignonne va avoir une tout autre attitude :

Elle s'en était donné toute la nuit avec les soldats de Leclerc près de l'Hôtel de Ville... Patins... couffins... toute la gamme ! Sa daronne aussi... A plein corsage ils se servaient les vainqueurs... les vrais... nous autres, on s'apercevait tout d'un coup qu'on n'était plus que dalle... miteux à brassards aux idées subversives ! Je sortais, ce matin-là, d'une espèce de rêve... ces six jours à la fois si denses et qui s'étaient déroulés si vite. Fallait que je retrouve mes esprits.

Alphonse erre maintenant, les bras ballants, au milieu de la gigantesque fiesta parisienne. Qui tourne au drame parfois. Des résistants de la 30e heure tondent de pauvres filles qui ont — ou qui sont soupçonnées d'avoir — couché avec l'Allemand. Avenue d'Italie, la foule jette un malheureux sous les roues d'un char, sous les yeux horrifiés de sa fille qui va prouver, entre deux hurlements hystériques, que son père ne pouvait pas être un collabo...

Je n'avais plus envie de rien... d'aller brailler avec les autres dans les rues, me livrer à la joie patriotique collective. Instinctif, je me méfiais de la foule... j'allais vite apprendre qu'on peut toujours en redouter le pire.

« Je suis arrivé comme ça place de la République. Y avait une sorte de bureau d'engagement, de grand rassemblement pour constituer un corps franc, pour continuer le combat, poursuivre les Teutons, “ traquer la bête hitlérienne dans son repaire ”, comme disait la presse communiste. »

Enfin, à ce moment-là, j'étais encore un peu dupe de tout un tas de vocables, d'idées toutes faites. Je me suis purgé de tout ça par la suite... Déjà j'en pressentais un peu le grotesque, l'inutilité... les catastrophes que ça provoque.

Et c'est ainsi qu'Alphonse s'engage. Il va faire partie de la Colonne Fabien, célèbre unité communiste, puis de la Ire armée, celle de De Lattre.

Mais pas tout de suite. Comme si le destin lui réservait des aventures à raconter plus tard, il est embarqué dans une folle cavale, celle de *Bleubite*, l'un de ses meilleurs livres, peut-être le plus drôle.

En tout cas, avec ce départ pour le front, c'est vraiment un chapitre de sa vie qui se termine. Comme se terminent *les Combattants du petit bonheur* :

Quelque chose finissait avec l'Occupation... Les fifres et les tambours plats des boches. Je veux dire pour moi aussi... dans ma petite vie à la con. Indéfinissable, mais j'en avais eu presque conscience sur le moment... Là, avenue d'Italie, dans la cohue, la masse, la meute... poussé, bousculé, ballotté ! C'était comme une rupture... peut-être avec mon enfance.

6

Bleubite est le troisième livre d'Alphonse Boudard. Chez Plon, le directeur de l'époque, Georges Roditi, avait été choqué. Alphonse avait eu beau lui expliquer que le terme désigne un jeune soldat pas très aguerri, Roditi, de son ton inimitable, lui avait dit : « Non, non, *bleu,* ça irait encore, mais *bite...* » Finalement, le titre choisi à l'époque (milieu des années 60) fut *les Matadors,* terme d'argot qui désigne « les hommes », les julots, les vrais de vrais. Évidemment, cela introduisait une confusion possible et le critique d'un journal du Midi écrira : « Ce livre remarquable d'Alphonse Boudard sur la tauromachie... » Ça n'a d'ailleurs pas été le seul problème qu'Alphonse ait rencontré avec ses titres. Déjà, en 1963, au moment de la sortie de *la Métamorphose des cloportes,* il avait reçu une lettre indignée d'un entomologiste qui lui avait expliqué que les cloportes, crustacés de l'ordre des isopodes, n'avaient pas de métamorphose et qu'il était un âne. Mais on s'égare. *Bleubite,* donc, qui retrouve son titre original avec la libération des mœurs dans les années 70, est un récit plus ou moins imaginaire.

Comme toujours, chez Alphonse, l'invention dérape, galope, mais on sent que la réalité n'a pas dû être triste non plus. Quand on l'interroge, il est plutôt vague sur cet épisode précis de sa vie. Comme d'ailleurs sur tout l'ensemble du chapitre délinquance. Il tient à garder le côté Monte-Cristo, romantique et cinoche de ce passé truand, quitte à ajouter, pour la morale, qu'il n'est pas fier de tout ça. C'est vrai d'ailleurs ; il peut le juger sévèrement, ce passé ; il peut aussi lui être reconnaissant, car c'est là qu'il a puisé son œuvre.

Pour *Bleubite,* il s'agit d'une véritable expédition montée par deux truands, membres de la Gestapo française et camouflés en officiers FFI. Chose courante, semble-t-il, à l'époque. Dans son chapitre de l'ouvrage collectif *les Grands Faits divers*[1], Alphonse cite même le cas remarquable du célèbre Pierrot le Fou, l'un des plus célèbres gangster de notre histoire, qui était planqué, en septembre 1944, dans la région de Toulouse, sous le nom de ... lieutenant d'Héricourt, avec uniforme, galons, décorations, et sans doute, zèle épurateur.

Pourquoi ces deux malfrats déguisés en héros résistants ont-ils choisi Alphonse pour les accompagner dans leur traction-avant ? C'est, au fond, l'une des seules questions vraiment intéressantes pour comprendre le personnage et raconter son itinéraire mouvementé.

L'ont-ils « reconnu » instinctivement comme l'un des leurs ?

« Alors là, je ne me rends pas compte. C'est peut-être moi qui les ai choisis, c'est peut-être moi qui me suis placé à un moment auprès de ceux-là. Il y avait évidemment cette tendance à aller vers certains personnages. Au cours de ma vie, j'ai toujours fait des rencontres comme ça, de gens extrêmement curieux et mes copains, mes relations me disent : " Mais comment se

1. Édition du Figaro, 1985.

fait-il que tu trouves toujours des zèbres comme ça ? ” Même encore maintenant. »

C'était sûrement pas un péquenot. Il devait parler argot, de sa voix traînante de gosse du XIIIe, qui en a déjà pas mal vu. Bref, ils l'ont pris, et Alphonse, à peine engagé, se retrouve dès les premiers jours de septembre 1944 sur les routes encombrées de convois américains qui regardent d'un très mauvais œil ces semi-clandestins suspectés de communisme.

Il va s'en passer des choses : Alphonse va comprendre, s'il n'a pas compris depuis le début, qu'il a plutôt affaire à des truands ; il va participer, plus ou moins volontairement, mais participer tout de même, à des opérations de chauffage de pieds dignes du XIXe siècle ; tout ça va très mal se terminer. Du moins dans le livre, pour la morale ou le camouflage, on ne le saura sans doute jamais. Peut-être d'ailleurs est-ce la vérité. En tout cas, raconté par Alphonse Boudard, c'est très amusant. Et de conclure :

Drôle d'armée tout de même. C'est plutôt l'école des voyous... je viens d'y passer mon certif.

Alphonse va maintenant monter d'une classe, et connaître un tout autre genre d'éducation.

7

Pour mieux comprendre la suite, je vais m'efforcer, témérairement, d'expliquer un tout petit peu la situation fin septembre 1944.

Les trois quarts de la France ont été libérés ; restent quelques zones autour des ports de l'Atlantique, et le front s'est déplacé jusqu'à la Belgique et l'Alsace.

La politique de De Gaulle et du Gouvernement provisoire, à Paris, est bien entendu de participer le plus possible aux combats, d'utiliser les éléments issus de la Résistance, pas toujours très contrôlables ni très rassurants.

En gros, en simplifiant beaucoup, disons qu'il y a deux grandes tendances, les FTP, Francs-Tireurs et Partisans, groupes armés proches du parti communiste, et les FFI, Forces françaises de l'intérieur, gaullistes ou proches de la démocratie chrétienne ou des socialistes. Les communistes vont s'efforcer de créer une unité autonome, qui va d'abord s'appeler le Premier Régiment de Marche de Paris, avec un chef prestigieux, le fameux « colonel » Fabien, l'auteur du premier attentat contre un officier allemand au métro Barbès en 1941.

C'est la Colonne Fabien que l'équipe maudite de *Bleubite* était censée rejoindre ; c'est avec elle qu'ils seront engagés du côté de Gravelotte en Lorraine et vont y trouver une mort glorieuse. Alphonse s'en sortira, mais il ne pourra échapper à l'endoctrinement quotidien.

C'est une atmosphère très particulière que celle de la Colonne Fabien. Proche de celle des Brigades internationales, quelques années plus tôt en Espagne :

« On nous organisait sans arrêt des réunions politiques, mais on était mal sapés, on tuait des vaches pour bouffer, et on nous disait : " Vous êtes les soldats de l'an II, vous êtes comme les grands ancêtres, vous partez en sabots à Valmy, etc. " On invoquait toujours ça. On nous tenait des discours de ce style. »

Il n'y a pas que les communistes orthodoxes. Dans la Colonne Fabien se sont glissés des trotskistes. Pour eux, l'ennemi, c'est Hitler, pas le « peuple allemand ». Prolétaires de tous pays, unissez-vous. Ils y croient, ces paléo-gauchistes. Et ils essayent de convaincre les Allemands, en face, de cesser le combat. Ça n'est pas du tout le calcul des staliniens, et ça se termine par une épuration dans le style balle dans la nuque.

Alphonse assiste à tout cela, mais pas vraiment en spectateur ; il commence à comprendre, aidé puissamment par les sarcasmes de son copain Pedro, un anarchiste rescapé de la guerre d'Espagne qui va lui démonter le mécanisme du système communiste. Et voilà Alphonse plongé de plus en plus dans le scepticisme ; le peu d'engagement qui le motivait encore s'effiloche au fur et à mesure de la prise de conscience de réalités insoupçonnées.

Est-ce encore une autre explication pour la délinquance ? Plutôt un maillon de la chaîne, inéluctable. Rien ne le retient : ni morale ni passion politique ; tout est faux, truqué, pourquoi jouer le jeu, autant passer de l'autre côté.

Une belle occasion va lui être donnée de parfaire son anti-éducation : le marché noir va lui être révélé.

Au départ, il y a l'idée, assez rapidement installée dans son esprit, qu'il serait plus sain de prendre le large. Les staliniens n'aiment pas les sceptiques. La vie à la Colonne Fabien peut devenir rapidement très dangereuse. Une occasion inespérée se présente : elle donnera, un jour, le récit cocasse du *Corbillard de Jules.*

Jules est un copain, le fils d'un boucher, et le pauvre gosse a sauté sur une mine. Le père est venu avec sa camionnette à gazogène chercher le cercueil. Alphonse, Pedro et un autre copain se débrouillent pour se faire désigner comme escorte, ou garde d'honneur.

Bleubite, c'était l'aller au front, *le Corbillard,* c'est le retour à Paris. Alphonse s'aperçoit que le père, éploré bien sûr, se sert de la circonstance pour trimballer des jambons et autres victuailles. Alphonse découvre les restaurants du marché noir, les bordels, tout un monde de trafics.

Pourquoi est-il remonté au front ? Il aurait pu, dès ce moment, vivre une tout autre vie :

Au cours de ces bectances du marché noir, on doit se laisser aller facile de combine en compromission, entre la poire et le fromage, du pousse-café au pousse-au-crime. Surtout quand on démarre l'existence plutôt à côté de ses lattes... le luxe, le confort, les gonzesses faciles... le champ' à flot... tout vous invite, incite, enivre. Pour peu qu'on ait l'œil attentif sur tout ce qui se trame... la foire aux plus vicelards, aux plus menteurs, aux plus culottés.

Et il ajoute, quelques lignes plus loin, dans ce *Corbillard de Jules*:

Je profite honteux de la bonne galetouse, ça me mènera pas très loin, moi... je suis trop nature.

8

Au retour, la situation a beaucoup changé, Fabien est mort ; en manipulant une mine, dit la légende. La Colonne est devenue le 151e régiment d'infanterie ; elle est incorporée à l'armée régulière. C'est l'amalgame, comme pour les soldats de l'an II, à la suite de tout un ensemble d'accords avec les communistes, sur fond de Yalta. Il n'y aura pas d'insurrection armée ni de prise de pouvoir en France.

Alphonse se retrouve dans la Ire armée française, celle de De Lattre, une vraie armée, équipée à l'américaine ; fini les uniformes de récupération, les casques de 40, les fusils de 14. Alphonse va désormais rouler des mécaniques dans son treillis US, le casque légèrement de travers, la jugulaire défaite, à l'ancien, le fusil automatique au côté. C'est bon pour la drague. Les filles vous prennent pour un GI. Quand elles ont compris, c'est trop tard. C'est une vraie armée, mais ce sont aussi de vrais combats. Alphonse va participer à une dure bataille, celle de Colmar, en janvier 1945 :

CITATION À L'ORDRE DE LA DIVISION

« Venu des FFI parmi lesquels il a obtenu une citation à la suite des combats de la libération de Paris et sur le front de

Lorraine. Volontaire pour les Commandos de France, s'est particulièrement distingué le 31 janvier 1945 à Durrenentzen. Faisant fonction de chef de groupe, a réussi à dégager son groupe encerclé malgré une blessure au cours de l'action, et à reprendre l'initiative sur l'avenir, assurant ainsi l'accomplissement de sa mission.

« Ces citations comportent l'attribution de la Croix de Guerre avec Étoile d'Argent.

signé
Général DE *VERNEJOUL*
Commandant le 2e Corps d'Armée. »

« J'avais pris un jeton dans le cul. Les potes, après, ils se sont tous marrés : ils appelaient ça une blessure à l'italienne. Parce que si j'avais pris une balle dans le cul, ça signifiait que j'étais en train de me tailler, de me débiner... En réalité, j'étais allongé. Y a eu un tir d'artillerie et j'ai pris un éclat. »

La vérité, c'est qu'Alphonse a eu beaucoup de chance ce 31 janvier 1945. A quelques infimes millimètres près, il avait la moelle épinière sectionnée, et la mort ou la petite chaise à vie. Comme beaucoup de copains. Lui, il s'en tire avec quelques semaines d'hosto et de convalescence, dans le sud de la France, qu'il évoquera beaucoup plus tard, et curieusement, dans *la Fermeture* :

J'ai connu, dans les environs de Pau en 1945, lorsque je me remettais à l'hosto d'une blessure glorieuse récoltée sur le champ de bataille de Colmar, une maison bien accueillante, carrément dans la campagne... la verdure... un frais ruisseau qui se prélassait... un jardin tout autour fleuri de roses, de marguerites... de violettes... la façade enliseronnée. Si ma mémoire ne flanche pas, ça s'appelait le Val Rose, cet endroit. Une tenancière, accorte quinquagénaire, vous accueillait le micheton avec des gentillesses verbales... des compliments sur votre physique... l'apitoiement presque sincère à propos de nos blessures, nos souffrances endurées sur le front d'Alsace par des froids dont les Palois n'ont pas idée ! Tout ça pour finir de libérer notre patrie. Je subodorais tout de même qu'elle avait reçu naguère les officiers de la Wehrmacht avec autant d'affabilité. C'était son style, elle ne pouvait pas s'en empêcher. Dans un salon style Louis-XV ou Louis-XVI... les pensionnaires venaient se présenter... coquines, mutines... toutes froufroutantes. Le rituel classique dans les bonnes taules qu'on appelait « le choix ». On vous apportait, comme sur un plateau, les pensionnaires dont disposait l'établissement... les divers petits lots... brunes ou blondes... menues ou potelées... rêvasseuses ou vicelardes, l'œil en chanfrein qui vous sournoisait des choses inavouables [...]. Je me souviens comme si j'y étais encore...

Et comment qu'il s'en souvient, l'Alphonse ! Il ne pensait qu'à ça, à l'époque, aujourd'hui aussi d'ailleurs.

Quand il revient dans son unité, la guerre est finie, ou presque. C'est la grande entrée victorieuse en Allemagne, avec toujours la même obsession :

« Bon, évidemment, on allait chercher les gretchen. C'était pas très compliqué... On a parlé pas mal des viols de l'armée française. Elle a pas tellement violé parce que les gretchen étaient assez faciles. Elles étaient plutôt consentantes parce qu'elles avaient les jetons que l'Armée rouge arrive avant nous. Les Français avaient une réputation, on disait, de galanterie, alors ça se passait pas mal. »

C'est la grande fiesta. La grande revanche de quatre ans d'occupation, sur les filles et le mobilier :

« On a un peu pillé, bien sûr. Partout où on passait,

on grapillait des bricoles. D'ailleurs, quand la campagne d'Allemagne s'est terminée, on avait tous des sacs avec tout un tas d'objets de récupération. On les a joués. Je me rappelle, j'avais des tas de trucs. J'ai joué avec des copains, j'ai à peu près tout perdu. J'ai ramené les miettes ! »

Il les ramène, ces miettes, dans le XIIIe, dans son quartier, chez sa grand-mère, où il débarque, démobilisé — dans tous les sens du terme — en janvier 1946.

C'est le début du *Café du pauvre.*

9

Le *Café du pauvre,* explique Alphonse dans la courte introduction à son livre, c'est l'amour, la joyeuse partie de jambes en l'air... Autrefois, quand le café était une denrée précieuse réservée aux riches, à la fin du repas, on ne pouvait se payer que le... café du pauvre.

En janvier 1946, il n'y a toujours pas de café, Paris est toujours aussi affamé... Quant à l'amour, ou plutôt la baise, c'est le premier souci d'Alphonse.

Nous nous promenons dans ses rues du XIIIe. Il s'arrête devant une charcuterie et, me désignant l'étalage, il synthétise la situation :

« A l'époque, les commerçants, c'était la valeur numéro un. Les gonzesses qui allaient se coucher avec le boucher, le charcutier ou avec l'épicier, elles ramenaient du ravito, c'était formidable, c'était mieux que d'être payé.

« Du côté des jeunes gens, c'était pas tout à fait le diable au corps, mais en fait on se disait : “ Si je pouvais me faire la charcutière ou la bouchère ou l'épicière... ” J'ai une aventure, dans *le Café du pauvre,* avec une charcutière. Elle m'aimait bien et elle me payait en jambons, en saucisses, en salamis, pâtés de tête, etc. C'était une merveille. C'est une femme que je regrette dans le fond de mon cœur. »

J'étais tellement morfale question sexe que j'allais pas jouer les bêcheurs sur l'énorme paire de miches qui s'offraient. A tout prendre à pleines mains, c'était une aubaine...

ajoute-t-il dans son livre, avec délicatesse. C'est qu'il est tout-à-fait sincère, tout-à-fait vrai, déboutonné, on pourrait dire débraguetté, dans ce livre admirable.

Ainsi s'écoulait ma jeunesse... à rêver de filles et de victuailles.

Côté filles, il y a d'abord la marraine de guerre. C'était un système, bien connu, de filles dévouées qui prenaient en charge un pauvre petit trouffion perdu dans la brutale tourmente de la guerre, lui écrivaient, envoyaient des colis, etc. Cela se terminait parfois par des mariages, après des permissions tendres et prometteuses. Dans le cas de la malheureuse Odette, elle est on ne peut plus mal tombée. Elle est catholique de l'espèce catho, mélomane de l'espèce salle Pleyel, intellectuelle de l'espèce bibliothèque municipale.

Elle attend son soldat pour lui réconforter l'âme et peut-être, à son âge — elle a dépassé la trentaine —, vivre un mariage dans le Seigneur.

Lui ne songe qu'à la tringler. Elle parvient à le tenir en lisière aux prix d'immenses difficultés, l'amenant à de très étranges compromissions, des concerts, des lectures édifiantes...

Un soir, il n'y tient plus. Alors suit une scène qu'il m'a affirmée s'être réellement déroulée.

Cela se passe dans la boutique de prothèses — déjà tout un programme — où travaille Odette.

C'est un morceau d'anthologie boudardienne, un chef-d'œuvre comme il est peut-être le seul à savoir en écrire. C'est grandiose. Le mot n'est pas trop fort :

Je l'ai coincée contre son bureau, sa vieille Underwood... je lui plaque le cul contre les touches. Ce patin infernal !... j'arrête plus de le lui rouler, lui envoyer ma menteuse au fond de la bouche, de l'étouffer, la peau de vache ! Sans pour autant perdre les pédales... je gamberge à la suite... il faut que j'éteigne la lumière... je tâte et je trouve enfin l'interrupteur... toc ! j'éteins. Mignonne, dans le noir, tu auras moins honte de te faire arracher ta jolie culotte.

— Tu es fou ! Qu'est-ce qui te prend ? Qu'est-ce que tu fais ?

C'te bonne paire !... bien le cas de le dire... ce que je fais ?... Une chose vieille comme Neanderthal, comme cromacouille-de-mes-deux-gnons... [...]

Comment a-t-elle réussi à se dégager, à me repousser ?... « Non ! Non ! Laisse-moi, je t'en supplie ! » Elle a profité du moment où je me débraguettais... Elle était déjà pourtant au four... prête au sacrifice suprême... en porte-jarretelles, le slip à moitié descendu... son soutien-gorge qui ne soutenait plus ses seins. Un sursaut, sans doute Dieu qui lui vient en aide, ce pédé ! J'ai relâché ma pression, mon attention... hop ! elle m'a repoussé... elle s'est propulsée... la voilà toute dépoitraillée, quasi déculottée... qui tente de m'échapper dans le magasin des horreurs parmi les jambes mécaniques, les bras de démonstration. Je fonce à son train dans la pénombre.

Bing ! je me cogne dans je ne sais quel corset, quelle béquille... quel fauteuil roulant. Fort heureux, un lampadaire, dehors sur le trottoir, nous diffuse un peu de lumière. Enfin je la ragrafe par le pan de la jupe... je tire... ça ne tenait pas beaucoup plus que ses bonnes résolutions... ça se déroule, ça me reste dans les pognes, mais elle ne pourra plus échapper, Odette, au dieu Priape ! [...] Je l'ai toute arrachée, dépiautée de partout... la petite culotte rose, le porte-jarretelles... le corsage... ça vole, vire-

volte parmi les bandages herniaires, bas à varices, semelles podologiques... les minerves... toutes sortes de ceintures médicales... Merde ! Il me la faut toute... que je la dévore, la ravage, la glougloute ! Je la veux des pognes, de la bouche, des yeux... je l'ai pénétrée sans ménagements, elle l'a mérité... elle l'a bien voulu la salope ! Je l'inaugure comme une bête, un clébard des rues. Oh ! je risque pas de m'arracher le gland, ce préambule, elle ne pourra pas prétendre que ça ne l'avait pas excitée... elle m'inonde, elle est trempée autant que la grosse Lulu dans ses meilleurs morceaux choisis.

Je voudrais bien vous continuer, lectrices, je suppose attentives, mais ce fauteuil de paraplégique, je vous oubliais, il est roulant. Il n'a pas bougé au moment de l'assaut, mais je ne sais pourquoi, sans doute un frein qui se desserre, et il se déclenche brusque... il fait marche arrière... je décroche, je reste sabre au clair tandis que la belle Odette s'éloigne cuisses écartées. Bang ! Elle est arrêtée dans sa course par un mannequin sans tête... le modèle pour les corsets orthopédiques. Il valdingue mais elle est tout de même stoppée dans sa glissade. Elle s'est mise à crier, je vous oublie... ça lui fait tout de même une drôle d'émotion qui s'ajoute à celle de se faire empaler, comme ça à la surprenante, sur ce fauteuil de stropiat. Ma présence d'esprit... d'instinct plutôt... je rebondis, je refonce à l'ouvrage... Je la rembroche ! Cette fois les roues sont bien bloquées. C'est un modèle, paraît-il, d'avant-garde pour les poliomyélitiques, les culs-de-jatte... les invalides cent pour cent... Je n'y pense plus, je suis tout à mon œuvre de chair... je lime artistique... à la godille, puis au piston de machine à vapeur... j'alterne. Je m'attendais pas à ce qu'elle me réponde aussi bien cette Odette si chrétienne, mélomane et prude. Elle ne veut plus que je m'arrête, elle en redemande sans oser me le dire. [...]

D'instinct, Odette a relevé très haut les cuisses afin que je puisse mieux la besogner, l'enfouiller jusqu'au tréfonds. Je vous explique donc pour celles qui ne comprendraient pas très bien... n'est-ce pas, elle est sur le fauteuil et moi debout dans une position pas très confortable, je vous accorde, mais lorsque l'homme redevient un animal, il ne s'occupe plus de rien, ni de son confort, ni de son âme, ni même de son froc qui lui retombe sur les mollets d'une façon pas très esthétique [...]

Ouf ! Quelle verve ! quelle santé... C'était, mesdames et messieurs, Alphonse Boudard dans son numéro.

10

Côté baise, tout allait bien donc. Côté bouffe, non seulement il n'y en avait pas, mais il n'y avait pas d'argent pour en acheter.

Alphonse doit travailler. Mais à quoi ? Ce grand échalas de vingt et un ans ne sait rigoureusement rien faire. L'atelier d'imprimerie ? Quelle horreur. Restent les petits métiers, le bricolo quotidien qui rapporte trois sous pour une immense fatigue.

On est même étonné de voir Alphonse s'acharner ainsi à rester honnête. C'est qu'il est revenu avec la croix de guerre, un bon petit gars, bien méritant, qui aimerait s'en sortir.

Mais il n'y a pas grand-chose à espérer :

« J'ai vendu des enseignes lumineuses avec le succès dont je parle dans le livre, j'ai vendu des margotins, c'était des petits bouts de bois pour allumer le feu, et ça, c'était pas très rentable non plus. J'ai vendu du vin, d'une société qui s'appelait Socovar. Et là il fallait goûter le pinard et discuter avec les bougnats. Je te garantis que c'est un vrai métier et que j'étais incapable de le faire. Ça m'a rebranché avec des copains que j'avais connus à la guerre et qui étaient déjà entrés dans un autre circuit qui était le milieu. On en arrive au glissement progressif vers la délinquance et la truanderie. »

Alphonse commence par traficoter, vendre des trucs pas nets et marchénoiriser.

Pourtant, on a l'impression que tout au long de cette année 1946, il freine des quatre fers : il sent que le glissement en question va très mal se terminer.

Le balancier oscille. Dans quel sens va-t-il pencher ? D'un côté il y a les filles, et de ce point de vue Alphonse fait plutôt de bonnes rencontres. Après Odette, « balancée », comme dit notre héros, d'une manière complètement ignoble (c'est pas beau, ça, Alphonse) mais, enfin, compréhensible car menant trop ouvertement au mariage chrétien, il y aura une militante trotskiste, une comédienne, etc., toutes ayant la particularité de chercher à développer sa culture, politique ou théâtrale, alors qu'évidemment Alphonse ne pense qu'à les sauter. Mais il profite au passage de tous ces enseignements divers. Il y aura aussi, rencontre très importante, une (ou plusieurs) prostituée. Le balancier oscille de nouveau... quelle tentation : pour ce beau jeune mec bien balancé et sans compétences particulières, la carrière de souteneur, situation peu fatigante et très rémunérée, s'impose. Eh bien non. Alphonse ne mange pas de ce pain-là, le fameux pain de fesse... Il s'en explique longuement, à plusieurs reprises. D'abord parce que, au fond de lui-même, Alphonse possède une sorte de code : il y a des choses qu'on fait et d'autres qu'on ne fait pas. Ça n'a rien à voir, à mon sens, avec la morale : ceux qui sont familiers avec les romans de Chandler comprendront bien. L'admirable Philip Marlowe fonctionne en toutes choses selon son code d'honneur personnel, qui ne consiste pas forcément à suivre la loi et les bonnes mœurs, mais à être droit, sur le bon chemin de la vérité, de l'amitié, des rapports simples, directs et forts entre êtres humains. Les julots, les macs, c'est tout juste le contraire, et Alphonse le comprend d'emblée. Ils ne doivent leur relative tranquillité qu'à d'innombrables et misérables compromissions avec la police. Toute leur vie est un cloaque fétide où ils barbotent avec une infinie bassesse, comme dirait Desproges dans ses grandes envolées lyriques.

Donc, voici Alphonse pourvu d'un certain code, qui va l'empêcher d'aller trop loin : il ne sera jamais ni maquereau ni assassin. C'est déjà pas mal, quand on considère qu'il va explorer à peu près tout le reste.

En octobre 1946 arrive un vrai miracle : il trouve du travail. Oh, ça n'est pas le Pérou, mais c'est déjà autre chose que les bizarreries de porte-à-porte qu'il avait pratiquées jusque-là. Alphonse est embauché dans une librairie de la rue de Seine. C'est tout à fait pour lui : l'univers des livres, qui le fascine, à cette époque sans trop le savoir, plus tard complètement :

« Oh, à ce moment-là, la littérature, je ne fais que l'effleurer, je la transporte surtout. J'ai un vélo, je mets les bouquins sur le vélo, je vais parfois chez Plon porter des livres. Je vois les amateurs de livres qui viennent, qui m'emmerdent. Un jour, j'ai vu Aragon qui est venu dans la boutique. J'avais alors une espèce d'admiration pour lui parce qu'il avait écrit des vers de mirliton à l'époque de l'après-guerre et je me disais : c'est le grand poète communiste. Et j'ai vu arriver un monsieur très XVIe arrondissement, assez hautain, qui m'a fait une dédicace sur un livre de rien du tout, il m'a déçu. J'étais tellement naïf que je croyais voir arriver un mec avec une gapette, défilant Bastille-Nation, c'était pas ça du tout. C'est le premier écrivain que j'ai vu de près. »

Dans cette librairie, où l'une des activités consiste à chasser les rats qui viennent grignoter les livres, il rencontre aussi un personnage fabuleux, un professeur alcoolique, qui va le marquer au point qu'il lui consacrera un livre : *l'Education d'Alphonse.* Ah oui, parce que, je vous le confirme, Alphonse écrit encore, c'est quand même la meilleure nouvelle de l'année, profitons-en pour lui poser quelques questions.

11

Nous sommes devant un café de la place Pigalle. Comme la vie d'Alphonse est un roman, il est normal que les lieux qu'il a fréquentés soient conformes aux descriptions que l'on trouve dans les romans, ceux de Carco, de Mac Orlan, de Simonin et de Le Breton... c'est tout à fait ça, la façade discrète, dedans c'est feutré, sombre, silencieux, surtout l'arrière-salle où Alphonse retrouvait souvent celui qu'il appelle Tonio, dans *le Café du pauvre.*

Alphonse, ressuscité donc, regarde autour de lui. Il y a une photo de Viviane Romance dédicacée à un certain M. Marcel.

« Ah, Viviane Romance... c'est le phantasme numéro un de mon adolescence ! Elle a été la cause de bien des masturbations enfantines... »

Il sirote un peu de son pastis. Je croirais entendre un air d'accordéon. Et toujours de sa voix traînante :

« Le professeur voulait m'apprendre les belles-lettres... quand il tenait sur ses cannes. Ç'aurait pu être ma grande chance... mais je subissais la mère du libraire, une vieille comtesse de quatre-vingt-dix piges. Elle avait trouvé un moyen original de me dégoûter de venir travailler, que je raconte dans *l'Education d'Alphonse :*

La comtesse, elle se gavait de je-ne-sais-quoi mais ça barrait en vent coulis. Des louferies n'est-ce pas, comme sa voix flûtée, des bruits étranges d'un autre monde que les caserneuses péteries dont je sortais à peine. A la longue, j'ai bien remarqué que cette salope loufait ainsi sans aucune retenue ni gêne uniquement en ma présence. Je méritais pas davantage. Ça dégageait des effluves pas ordinaires. Déjà du macabre, des pets de cadavre. Là dans la pénombre, parmi les œuvres, les choses de l'esprit, les Sénèque, Corneille, Vigny, Lamartine sur son lac... n'a cure la vioque salingue, elle dégage, se soulage, s'assoit ensuite et relève sa voilette pour mieux m'envisager, m'appréhender[1].

« Tu comprends que, si j'ose dire, l'atmosphère est devenue irrespirable...

« J'ai pourtant tenu jusqu'au printemps 47. Mais je voyais de plus en plus Tonio, enfin, celui que j'appelle Tonio. Ici... »

On imagine. D'autant mieux que, dans le *Café du pauvre*, on trouve une description du Tonio et de sa « femme ».

Une blonde platinée juchée sur de hauts talons... les bas à résille... la jupe fendue.

Il faut voir comment Tonio la traite. Avec une délicatesse infinie :

S'il avait à dire aux amis des choses qui n'étaient pas pour les gonzesses, il lui posait abrupt la question :

« T'as pas envie de pisser, Jenny ? »

Elle se le faisait pas dire deux fois, fissa elle glissait vers les gogues.

---

1. Ce texte est extrait de la première version de *l'Education d'Alphonse* qui devait alors s'appeler *le Professeur.*

« Les femmes, ce qu'il y a de bien, elles ont toujours envie de pisser. »

Eh bien, cet aimable personnage fascine Alphonse. Il en témoigne quelques lignes plus loin, toujours dans le *Café du pauvre* :

Pour être tout à fait honnête, je dois avouer que sur le moment j'enviais Tonio de pouvoir se conduire de la sorte avec une nana.

« C'était tout un univers, toute une mythologie. Et j'ai été victime de ça ; de cet univers des “ hommes ” qui ne parlent pas, ne “ donnent ” pas, les hommes, les vrais... Moi qui étais tellement paumé et misérable, je les voyais qui brillaient, ceux qui avaient été dans la voie du truandage. C'est vrai, je les admirais et je me disais : T'es pas plus bête, tu peux en faire autant... »

Comme il était aussi bête, il en a fait autant.

12

Ce qui est terrible, c'est qu'on sent bien que le balancier hésite, hésite.

Il est déjà dans l'engrenage, mais il a tellement de bien en lui que ce grand gosse malheureux et fourvoyé voudrait encore s'en sortir. Mais le peut-il ? Il a commencé à jouer un rôle dans une pièce qui le dépasse. Comme un dialogue à la Prévert, des décors de Trauner et dans une mise en scène de Carné avec son fameux destin qui vient toujours prendre un petit blanc sur le zinc et alors tout va mal.

Alphonse est d'abord mêlé à une sombre histoire. Dans sa quête éperdue des filles (il dirait, lui, sa quéquette éperdue), il a fini par enjamber une belle prostituée, et le julot de la fille l'a mis à l'amende.

Cela se faisait. Faut payer, ou gare aux ennuis. Comme il n'a pas un sou, Alphonse, entraîné dans la logique délirante de ce « Milieu » qu'il commence à peine à fréquenter, commence à penser à se procurer une arme, pour, comme il le dit, « monter au combat si je voulais me montrer un homme ».

Et il ajoute, pathétique :

Je suis resté toute la semaine dans l'expectative. Tout à coup, je me sentais moins la vocation voyoute. Je mesu-

rais un peu mieux les réelles difficultés de la profession... S'il me fallait absolument repasser un mec pour m'affirmer, ça me posait tout de même de sacrés problèmes...

De toute manière, il n'a pas le temps de prendre sa décision. Il est arrêté. Entre-temps, le julot en question a reçu une balle dans la tête.

Alphonse a-t-il tué Paulo ? On peut s'interroger. Il a participé à d'autres combats bien plus dangereux. Il a manié bien d'autres armes. Mais la bonne question est : Alphonse aurait-il pu tuer Paulo ? On peut répéter qu'il n'est pas de la race des assassins ni des maquereaux. Je l'ai déjà dit. Mais il n'est pas non plus exempt de violence. Et puis d'un très mauvais caractère, on le sent bien, pas content, capable de pas mal de trucs. Mais là, il n'était pas en colère. Il s'agissait d'une sorte de mécanisme voyou qui le portait vers une confrontation absurde, à froid : le contraire, en fait, de son personnage. Impulsif mais pas méchant. Gueulard, mais ni brutal ni cruel.

En tout cas, il est le premier suspect dans l'affaire. Et c'est un moment capital dans sa vie :

Au 36, quai des Orfèvres, dans les escaliers, les couloirs, ça renifle une odeur bien spéciale de mégot froid, de renfermé, de désinfectant...

Ils sont jamais pressés, les lardus, ça doit faire partie de leur technique. En arrivant à leur bureau, ils m'ont bouclé sans ménagements dans la cage de garde à vue, au milieu d'une grande salle passagère. N'était pas encore venu le temps où l'on invoque les droits de l'homme à la moindre de leurs incartades... ils se permettaient à peu près tout sans souci de traumatiser le petit malfrat.

« On va s'occuper de ta gueule tout à l'heure, tu perds rien pour attendre. »

Voilà... double tour... je reste en compagnie de quelques arcandiers en délicatesse avec le Code pénal. Des tricards, de menus trafiquants... du gibier de flagrant délit. Autour de la cage passent des types menottes aux poignets, encadrés de flics en uniforme. Certains ont la tronche tuméfiée, ça présage les câlineries qui nous attendent.

« Les poulets, j'sais pas, il paraît que depuis on leur a appris les bonnes habitudes, qu'ils vous portent des fleurs, vous disent : “ Est-ce que vous voulez du mimosa ou du lilas pour mieux parler ?... ” Mais à l'époque c'était la machine à castagner. »

Je vais rester dans leurs somptueux locaux les quarante-huit heures légales de garde à vue... jusqu'à ce qu'ils aient bien vérifié tout ce que je leur ai dit. Une nuit sur la banquette de la cage à poules... toujours avec mes tricards, mes pâles voyous revendeurs de came... une faune pas si jojo... L'attrait de l'existence malfrate vous est terni au contact de certaines réalités pour le moins sordides.

Ainsi écrit Alphonse dans *le Café du pauvre*. Finalement, toutes ses dénégations, protestations d'innocence, et un témoin providentiel qui vient confirmer son alibi, Alphonse est relâché :

Je me suis retrouvé sur le quai des Orfèvres, les fringues fripées, mal rasé, crasseux sous une pluie fine bien parisienne. Je me sentais tout à coup bien seul dans ma peau, bien mal barré, promis à ces réjouissances poulardines dont je venais de goûter juste les hors-d'œuvre.

Il a encore un sursaut... le dernier peut-être...

Rompre avec tout ça aussi d'un seul coup. Seulement ça voulait dire qu'il fallait que je retourne au charbon... n'importe où... que je trouve un boulot, même le plus minable et ça, ça me barbouillait, la perspective à la suie d'usine.

La fin est déchirante.

Fallait bien que je finisse par prendre le métro et que je rentre quelque part. J'avais du mal à me décider. Ça m'écrasait de toutes parts... la vie devant moi qui me semblait pas bordée de roses trémières... le poids énorme de la société... tous ses rouages, ses mille traquenards en Code pénal, règlements de toute sorte... sa loi du travail obligatoire. Où que je me retourne, je me sentais bien petit, moins que rien... une pauvre merde !

Oui, déchirante :

J'en étais là de mes gambergeades à la grimace... et puis... la station... Concorde ou peut-être George-V... une gisquette qui grimpe dans la rame, hop !... elle passe devant moi... va s'asseoir sur une banquette vide derrière. C'est une blonde haute sur cannes, vaporeuse. Merde ! j'ai attrapé par les naseaux son parfum. Au sortir du cagibi à flicaille, les odeurs fétides de l'opprobre, ça m'en refile un coup ! J'en reste un instant pétrifié. Tout s'éclipse... mes idées d'aller au chagrin... de reprendre la musette... l'avenir à la caille !... Adieu, poulets, vacheries, cochons de maquereaux, fils de putes ! Il n'y a presque personne dans la rame, c'est l'heure creuse où les prolétaires transpirent à la chaîne. Je vais me cloquer, l'air de rien... ne pas y toucher, en face de la blonde. Elle a un sursaut et me lance un regard bleu effaré. [...] J'hasarde une phrase d'accrochage... Je vais au plus simple, au plus pressé... que je la trouve belle, quelque chose d'aussi limpide, en général, ça vaut toutes les trouvailles donjuanesques à la petite semaine. Elle a un haut-le-corps et elle se redresse en serrant son sac à main sur sa poitrine comme si je venais de lui dire une incongruité... lui proposer directos la botte... ouvrir ma braguette pour lui offrir sans crier gare ma bébête de choc. Fissa, elle décarre vers l'autre bout du wagon et c'est mon reflet dans la vitre qui me donne la clef du mystère. Je me réalise soudain tel quel... ma barbe de trois jours, mes frusques mouillées, fripées, ... carrément, j'ai la dégaine d'un clodo... une frime pas possible de détrousseur du coin du bois ! Elle n'en revient toujours pas, la ravissante blonde, de mon culot dans l'état où je suis d'aller la draguer... [...] Je devrais me lever pour lui expliquer ma situation... lui dire toute la vérité.

« Mademoiselle, n'ayez pas peur... Je sors de chez les flics, c'est pour ça que je suis sale et mal rasé, mais je suis innocent. C'est pas moi qui ai descendu Paulo les Yeux Bleus. Laissez-moi une petite chance. Dès que je serais rasé, tout propre... on peut se revoir... donnez-moi un rendez-vous... Je n'ai envie que de vous être agréable... c'est d'ailleurs dans la vie tout ce que je sais faire... »

13

En cet automne 1947, il y a toujours des restrictions, des tickets pour tout, des cartes de pain. Ce qui n'empêche pas les commerçants de bien vivre, merci. Un boulanger en particulier est très prospère. Il s'appelle André Loiseau et vient d'ouvrir sa quatrième boutique. Son système à lui est d'une grande et belle simplicité : il fournit lui-même les cartes de pain à ses clients. Il les fait imprimer dans un sous-sol près de la place de la République. L'artisan consciencieux qui fabrique les cartes, un certain Eugène Petit, se met à les proposer à ses voisins, à un prix très modique : 50 francs à l'époque. Une aubaine. En quelques mois, il a innondé le XIe arrondissement de fausses cartes. Quand il est arrêté, fin 1947, les policiers mettent la main sur 750000 fausses cartes — représentant 8 millions de kilos de pain. Mais surtout, ils découvrent dans ce sous-sol de la rue Jean-Pierre-Timbaud, à côté des planches d'impression des fausses cartes, d'autres clichés, en trois couleurs ceux-là : des billets de banque.

André Loiseau, c'était Dédé la Boulange, le roi des faussaires. Déjà condamné, amnistié, il n'avait pas pu s'empêcher de remettre ça : car c'est d'abord un artiste, ce gros patron boulanger à l'air rigolard sous son béret basque, un très bon dessinateur, et très ambitieux. Il va lancer sur le marché 120 millions de faux billets. Pour les écouler, un vrai gang.

Il n'a oublié qu'une chose, Dédé la Boulange. Dans cette imprimerie clandestine du XIe arrondissement, il n'a pas songé à installer le téléphone. Quand les policiers cernent l'immeuble, Petit l'imprimeur ne peut pas le prévenir. Pas plus qu'il ne pourra prévenir tous ceux qui viendront chercher la marchandise. La police les attend tranquillement.

Viendront se jeter ainsi dans la gueule du loup : les copains, les complices, le beau-frère, les typographes et Dédé la Boulange lui-même.

Enfin, se font prendre les petits, les sans-grade, les livreurs, les écouleurs de la fausse monnaie. Parmi eux, plus tard, M.B. qui prendra un jour le pseudonyme d'Alphonse Boudard.

Deux ans de prison.

Il a vingt-sept ans.

14

La prison c'est d'abord une odeur. Quelque chose d'invraisemblable pour les olfactifs délicats. Un mélange : rat crevé, pisse de chat, moisissure, merdes diverses, pieds douteux, gaz d'éclairage en fuite, mégots froids et puis la soupe aux choux surie quotidienne. Pour lier l'ensemble, le crésyl désinfectant de l'Administration. Il vous traque ce parfum indéfinissable, Soir de Santé, Brise de Rungis. Pendant des mois, des années, il faut se le respirer le doux parfum. On n'arrive jamais à s'y habituer. On ouvre la fenêtre, on passe le nez entre les barreaux, on aspire profondément. La liberté est à vingt mètres. Elle se marre, la garce, avec ses belles mômes, ses autos étincelantes, son bon purin dans nos campagnes et ses dix mille piafs gazouilleurs. On regarde les nuages qui s'étirent, le soleil qui descend lentement au-delà de L'Haÿ-les-Roses, derrière les grandes bâtisses bêtes à bouffer de l'humain en familles nombreuses. On prend une lampée d'avenir et après, il faut bien s'arracher, se remettre à tourner comme la panthère noire du zoo, se replonger dans le caca du châtiment.

Ainsi parle Alphonse, dans ce qui reste sans doute — et restera, j'en suis sûr — le meilleur texte sur la prison. C'est le début de *la Cerise* rédigé bien plus tard, dans d'autres lieux encore pires. C'est le premier contact — l'odeur abominable — la première impression qu'il va synthétiser dans une phrase vraiment géniale :

C'est un paquebot mort qui sent la pissotière.

Il y restera un an, jusqu'au début 1949 — et en sortira grâce à une vaste amnistie due au président Vincent Auriol.

Ce qui l'a le plus frappé dans le premier séjour : les collabos. A cette époque, les prisons françaises étaient encore pleines de toutes sortes de condamnés pour collaboration avec les Allemands.

Les collabos faisaient tout marcher dans la turne. Ils étaient à tous les postes, auxiliaires précieux de l'Administration. Les gaffes n'en branlaient plus une et il faut reconnaître que ça fonctionnait tout aussi bien. Comme travailleurs et organisateurs, les fascistes n'ont jamais été dépassés [...] Pour la moindre chiotte bouchée, on pouvait faire appel à un major de Polytechnique, à un ex-ministre de la Santé publique, à un ingénieur des Ponts ! La cabane était bondée de spécialistes les plus divers, de professionnels extrêmement qualifiés.

Certains attendaient leur exécution :

« Je me rappelle encore cette impression épouvantable. Une des choses les plus horribles qu'on puisse entendre, c'était les chaînes sur le plancher. Les condamnés à mort à l'époque étaient enchaînés. Ils avaient une tenue de droguet avec des pantalons qui se boutonnaient sur le côté pour pouvoir les retirer sans enlever leurs chaînes. Chaînes aux mains et aux pieds. Ils mettaient même une ficelle entre la chaîne des pieds pour qu'elle fasse moins de bruit. Lorsqu'ils circulaient dans la prison, on aurait dit vraiment des fantômes. On était tout d'un coup dans une lumière glauque, il faisait très froid, on voyait passer, accompagnés par un maton, trois ou quatre condamnés à mort. Je ne sais pas ce qu'ils avaient fait... Ils méritaient peut-être leur sort, mais c'était quelque chose de très impressionnant. »

En un an, Alphonse aura vraiment vu ce que c'est : une sorte de Moyen Age glacé, où l'on tourne en rond, affamé, dans une cave suintante, privé de tout — et d'abord des filles, c'est bien le pire.

Ça devrait le calmer, le ramener pour toujours dans le droit chemin.

Ça devrait.

15

Alphonse retrouve Paris, ses rues et ses copains. Que va-t-il faire ? Il se demande. Des petits trafics, bas nylon, cigarettes. Il aimerait bien s'en sortir. Mais c'est toujours pareil : comment ?

Un beau jour de l'été 1949, il est au comptoir d'un bistro. Pas pour comploter. Pour l'apéro, tranquille.

Une fille passe dans la rue. Une très jolie fille. Grande, bien faite, avec des yeux d'un vert... Il la siffle :

« Venez, mademoiselle, je vais vous faire du baratin... »

La tournure est inédite. Elle s'en amuse, elle accepte. C'est Gisèle qu'il épousera dix ans plus tard, après la naissance de leur deuxième fils. Entre-temps, elle aura connu des aventures, elle en aura connu, des commissariats et des hôpitaux, elle en aura fait des queues interminables dans le froid pour l'ouverture du parloir. Elle aura vraiment tout vécu, souvent à bout de tout, de fric, de souffle, de larmes. Elle n'a jamais flanché. « C'est une gonzesse d'avant-guerre... », a dit d'elle un truand repenti, ami d'Alphonse, qui savait de quoi il parlait.

Alphonse lui a dédié un de ses livres, *l'Hôpital : « A celle qui est venue me voir. »*

En attendant tout ça, elle va vivre une période probablement très heureuse, puisque à peu près blanche dans la biographie boudardienne. A part un tout petit séjour en prison — une bricole — pour un vague commerce de photos porno — une misère —, on n'entend pas beaucoup parler d'Alphonse. Qu'a-t-il fait ? Mystère. En 1952 naît Pierre, le premier fils, aujourd'hui un grand gaillard sympathique.

Tout a l'air de s'arranger.

Jusqu'au jour où...

Je n'ai pas de profession définie. Je vis de broc le plus souvent que de briques, d'expédients, comme disent les juges. Je fréquente mauvais, c'est évident... tous les anciens du fond de la classe. On s'assemble pour les expédients, on se ressemble au banc d'infamie. On prétexte, nos avocats, que c'est la guerre, la banlieue pisseuse, la carence encore paternelle qui sont responsables.

Tout est vrai sans doute et aussi que c'est ma très grande faute, que j'avais qu'à vivre à l'alignement, à la galtouse prolétarienne, à la bobonne, la carte hebdomadaire RATP ! A la traîne des rues et des guerres, toutes les nuits et toutes les taules, on attrape toutes sortes de véroles, la castapiane chroniqueuse... on finit par tousser tout le temps. 38,6... J'ai même mis le rouge dans mon mouchoir... ça qui m'a foutu tout à fait le trac, qui m'a décidé au toubib. [...]

Toujours est-il que là, dans le cabinet du Dr Weber, je pavoisais pas... j'attendais le verdict comme à la XIVe Chambre pendant le ronron des attendus, la gorge un peu sèche. Il écrivait une bafouille pour qu'on m'admette en urgence à Biscaille.

Il y expliquait toute la situation dans ma caisse : volumineuse géode sous-claviculaire droite... opacité étendue non homogène du lobe supérieur gauche. Bilatéral, ça s'appelle. Peu à peu j'allais m'initier au langage médical, l'idiome des phtisiques, l'argot des sanatoriums ; ça manquait à ma jactance. Il me rassure pas, le Dr Weber, il écrit serré sur les deux côtés de la page, il signe, plie la feuille, cherche une enveloppe.

— Ne perdez pas de temps. Il faut rentrer immédiatement à l'hôpital.

L'idée vous vient pas de lui contester sa prescription ? S'il me dit Bicêtre, je dois m'incliner... pas tortiller autour de l'hosto... va pour Bicêtre et j'ai pas le choix, pas de quoi me payer la belle clinique au bois dormant.

— J'en ai pour longtemps, docteur ?

— Pour des mois... peut-être plus !

Ça m'est resté sa petite phrase, sa formule. Sur le coup, je réalisais mal. La prophétie alors exacte, frappée du bon sens adéquat ! Les mois, je les compte plus à présent, je fais pas dans le détail.

16

Il va en avoir pour dix ans, le malheureux. Dix ans d'hosto, de sana, de chirurgie. Eh bien, ces lignes où il vient de raconter sa découverte de la tuberculose sont extraites de son livre le plus drôle, *l'Hôpital*[1]. C'est ça le miracle Boudard : même le pire excite sa verve, se transforme en immense rigolade.

C'est ce que je lui dis, alors que nous arpentons les allées ombragées de l'hôpital de Bicêtre. Heureusement qu'il y a des arbres, d'ailleurs, ça cache l'épouvantable vétusté ambiante.

« Je suis comme ça... c'est mon truc, mon œil, faut que je fasse marrer avec tout. Même le plus horrible. D'ailleurs, comment parler de certaines choses ? Ça serait tellement sinistre... on ne peut parler de la mort, de la maladie, que comme ça... »

Nous sommes arrivés devant une grande cour mal pavée, longée de colonnes vaguement blanchies à la chaux.

« Ici, on rassemblait les bagnards, avec leurs chaînes, pour les emmener à Toulon ou à Brest... Là-bas on guillotinait. »

Ça, c'était sous Louis-Philippe. Mais quand

---

1. La Table Ronde, 1972.

Alphonse débarque dans cette cour au début de l'été 1952, ça n'est pas triste non plus :

« Y avait une bande de crachoteux ivrognes, des vieillards et aussi des dingues, des sortes de demeurés dans la cour... Une ambiance tout à fait effrayante... »

Il faisait chaud. Alphonse écrit :

Un temps à robes si légères qu'elles se dégrafent, c'est l'enchantement.

Il ne se rend pas encore réellement compte de son état. Pourtant il tousse beaucoup, et il sait déjà ce que c'est que l'hémoptysie, le crachement de sang. Et puis...

« Le 15 août 1952, j'ai vraiment failli crever. J'ai craché le sang toute la nuit, et j'ai eu alors les jetons parce que j'avais vu des types mourir d'une hémoptysie, ça peut être foudroyant.

« C'est un des moments de ma vie où j'ai le plus senti la mort. A la guerre, au maquis, tout ça se déroulait dans l'action, on ne voit rien, tout va si vite... Alors que là, j'étais tout seul avec ma cuvette, et je glaviotais là-dedans, et je gambergeais, je gambergeais... »

Alphonse s'en sortira, mais pas très bien. Car le problème, à l'époque, c'est qu'on ne sait pas encore maîtriser correctement l'arsenal thérapeutique qui vient d'être découvert. Les P.A.S., Rimifon, Streptomycine sont utilisés en ordre dispersé, petit à petit, avec précaution, ce qui crée des souches résistantes ; ça sauve, mais ne guérit pas ; on comprendra plus tard qu'il faut tout utiliser, massivement : et la tuberculose sera à peu près définitivement vaincue.

Pour Alphonse, on colmate les brèches, et ça casse quelque part ailleurs. Le malheureux est trimballé d'hôpital en hôpital. Après Bicêtre, c'est Cochin, puis Necker, où il se retrouve à l'hiver 1952 :

« A Necker, je suis resté deux mois dans une petite réserve, une espèce de box où on me collait tout le temps des mourants. Quand il y en avait un qui partait pour son dernier voyage, on m'en remettait un autre... En général, il arrivait dans un état lamentable. Il y a des types, vraiment c'est épouvantable, un bras en moins, une jambe en moins, il disait rien, il râlait que j'ouvre la fenêtre, que je la referme, etc. Venaient le voir le midi deux bonnes femmes qu'on sentait aux aguets de je ne sais quel héritage, et lui, murmurait : mon porte-monnaie ! mon porte-monnaie !... Je me disais : Y a une vie derrière tout ça ; je pensais à tout ce qui avait dû se passer avant d'en arriver là. Après, j'ai eu un capitaine de cosaques. Lui, c'était fabuleux parce que c'était un énorme type, là c'était en médecine générale, ils ne mouraient pas de tubardise ceux-là, il est mort du cœur, ce cosaque. Il se levait, on pouvait pas comprendre ce qu'il disait, il avait une grosse moustache, c'était Tarass Boulba, il était chauve ; à ce moment-là, on avait des grandes chemises de l'Administration et il se dirigeait vers la lourde, et paf ! il chiait tout debout, une énorme merde, mais vraiment une bouse fabuleuse. J'appelais, je sonnais pour faire venir la chef qui était une conne de démonstration qui nous faisait mettre les pistolets pour pisser tous du côté droit. Elle arrivait, alors on emmenait le pépère, on le nettoyait, on retirait la fiente, et rebelote ! Le lendemain ça recommençait. Moi, dès que je le voyais se lever, je sonnais. Tous les autres malades venaient voir la scène. Un jour, il s'est levé, boum, il est tombé dans sa merde, il était mort. Alors là, ils l'ont enveloppé. Faut voir les mecs qui viennent chercher les cadavres : “ Salut Bébert ! ” Ils se tapent un coup de rouge, on est vraiment dans une grande détente. »

Cette infirmière-chef maniaque, elle a tellement

marqué Alphonse qu'il lui consacre un passage féroce dans *l'Hôpital :*

C'est un grand cheval à lunettes, aux traits durs... la petite pointe féroce dans l'œil derrière ses verres convexes. Elle passe toujours voir si ses urinaux, placés réglementairement sur une petite tablette au-dessus des lits, ont tous le bec tourné dans le même sens. Elle supporte pas l'urinal tourné vers la porte, sa marotte... Elle te rabroue sec l'oublieux, l'indiscipliné, l'anarchiste qui fait fi de sa consigne, stricte... « Votre urinal, monsieur 3 ! » On entend ça du bout de la salle, tous on gaffe, on rectifie... même les Kabyles, les Bédouins tout frais de leur Atlas entravent la menace. Certain qu'elle s'occupe d'autre chose toute la journée, qu'elle drive son service, qu'elle est surchargée de boulot comme tout le reste du personnel, seulement sa manie du pistolet braqué à droite, on ne comprend plus que ça... que c'est l'obsession... l'idée fixe ! Elle passe en courant, douze pognes fissa sortent des couvrantes vérifier le sens du bec... le mourant tremblant qui renverse sa pisse. « Madame Urinal », son surblaze.

De ces lubies qu'il faut se farcir un peu partout dans l'existence dès qu'on est à la merci d'un chef, d'un patron pour se soigner, survivre, gagner son bœuf ! Madame Urinal, à bien réfléchir, après moult expériences, j'ai rencontre, j'en rencontre toujours de ses semblables et même dans des professions où on n'imaginerait pas. Au cinoche, au théâtre, de ces metteurs en scène pontifiants qui vous tourmentent le scénariste, l'auteur, peu de chose près d'urinal le bec tourné vers la droite. Et des hommes pourtant de culture, de Légion d'honneur, qui vous brandissent Molière, Shakespeare, Chaplin, que sais-je ! « On n'en finit jamais d'avoir tout vu... », comme disait mon pote Breffort. On se croit blindé, et tac ! une nouvelle vanité, un nouveau masque se présente, vous postillonne sa déconnante, sa certitude, ses partis pris, ses médiocrités capricieuses.

« On n'en finit jamais d'avoir tout vu... »

C'est la phrase clé de toute l'œuvre d'Alphonse Boudard. Le spectacle de la vie l'a tellement étonné — le mot est faible —, stupéfié qu'il le raconte, comme une sorte d'immense histoire drôle, une bonne blague qui a duré une vie. Il n'en revient pas. Il nous prend à témoin. « Écoutez, les gars : non mais écoutez ça... c'est pas possible... »

Et les exemples se pressent en foule dans sa mémoire (prodigieuse) quand il évoque son long calvaire d' « homme aux camélias » :

« A Cochin, dans la salle commune, il y avait un légionnaire à l'article de la mort. On avait déjà mis deux planches pour l'empêcher de tomber de son lit, il n'y avait plus qu'à foutre les autres. Un jour, il retire une planche et il se dirige vers un bocal d'alcool dans lequel on nettoyait les thermomètres. Il les retire et il siffle le contenu du bocal. J'ai vu ça, j'étais en train de m'instruire, de lire je ne sais quel ouvrage de grande littérature. Il est retourné dans son lit et il est mort.

« Et cet autre qui venait d'avoir un pneumothorax, et qui se soignait au Pernod. On l'appelait Pernod-thorax.

« J'en ai vu un picoler la veille d'une opération grave, un nommé William. Il s'est tututé du pinard qu'il avait fait monter par des ouvriers qui travaillaient dans la rue. Bien sûr, il est mort sur le billard.

« C'était partout la course à la vinasse. Qu'est-ce que j'ai pu en voir ! Et ce type complètement hébété qui m'a dit : “ Il paraît qu'on nous opère au pain complet. ” Merde ! j'ai mis un moment pour comprendre, au penthotal ! J'avais raconté ça à tous mes potes dans la salle, et on l'avait surnommé Pain-Complet, ce malheureux.

« Au fond, ce qu'il y avait de plus effrayant dans ces salles d'hôpital, c'était la toux. il y avait des types qui étaient assis sur leur lit et qui toussaient des nuits entières. Une espèce de toux caverneuse épouvantable. J'ai passé des nuits, j'étais déjà assez insomniaque, à entendre des concerts de crachats, de toux. Fallait vraiment avoir l'esprit bien chevillé au ciboulot... J'avais une petite lampe de chevet pour lire et je passais le temps comme ça. »

A deux reprises, au détour d'une anecdote, on le voit lire, s'instruire, dévorer tout ce qui lui tombe sous la main. Il aura affaire à des bibliothécaires de toutes catégories, comme celui qui classe *les Nourritures terrestres* parmi les livres de cuisine... ou les communistes qui détruisent tout ce qui n'est pas Thorez ou André Stil (à l'époque). Assez curieusement, d'ailleurs, cet immense appétit de culture, cette volonté de lire, de comprendre, d'explorer l'histoire — dont il est très friand —, tout cet apprentissage intellectuel le confirme dans son destin de malfrat. Quand il envisage sa sortie de l'hôpital, sa culture ne peut que le faire « plonger » davantage :

Mes goûts de luxe à m'orner l'esprit aux belles-lettres, ça ne pouvait pas me permettre de becter, alors le cycle allait reprendre, j'allais repiquer en truanderie, fatal. Je gambergeais au coup suprême... l'embargo d'une cargaison d'or...

Mais on n'en est pas encore là. Il lui faut connaître d'abord l'univers du sanatorium. Un autre genre d'épreuve.

17

Sanatorium... un nom qui doit pas dire grand-chose à beaucoup de gens, et surtout les plus jeunes. Ça doit paraître aussi lointain, démodé que gabelle ou octroi. C'étaient de grandes bâtisses hospitalières, installées en pleine campagne ou à la montagne pour faire profiter du bon air vivifiant et oxygéné les tuberculeux, en général allongés toute la journée dans des lits ou des transats, comme sur le pont d'un paquebot de luxe. Là aussi, il s'agissait d'un paquebot mort mais qui, au moins, ne sentait pas la pissotière.

Cela faisait partie du traitement : le long repos, le grand air, la bonne nourriture alternant avec les soins médicaux ou les opérations chirurgicales.

Alphonse connaîtra tout. Côté sana, le pire :

« Le plus épouvantable de tous était à Brévannes, dans les environs de Paris. On était dans des baraques en planches, entassés à soixante ou quatre-vingts. J'avais comme voisin un vieux Chinois. On faisait des petits travaux qu'on donne aux vieillards ou aux malades, par exemple, on enfile des fils dans des étiquettes ou bien on colle des chapeaux. Ce Chinois enfilait des étiquettes. Pour mille étiquettes, on gagnait une somme qui correspondrait aujourd'hui à 2 ou 3 francs... Il fallait en enfiler énormément...

« Ce malheureux faisait des économies dans l'espoir d'avoir un jour de quoi retourner en Chine. Quand il arrivait presque à la somme voulue, il y avait une augmentation des voyages, toujours cette fameuse inflation, et crac mon Chinois a continué pendant encore deux piges à enfiler des étiquettes.

« ...Ce qu'il y a de très étonnant avec tous ces tubards, poursuit Alphonse en déambulant le long des murs lézardés de l'hôpital, c'est qu'on en voit de tous les genres. L'idée reçue de la tubardise, c'est Chopin. Je te l'ai déjà dit... quand t'arrives au sana, tu t'imagines que tu vas voir que des types efflanqués, maigres à faire peur, avec des grands grands yeux tristes romantiques... Mais non, y a de tout, j'en ai vu des gros, des costauds. Le plus extraordinaire, ça a été le Mage... Vulcanos ! »

Vulcanos, c'est l'un des personnages principaux du *Banquet des léopards.* Un être exceptionnel :

Un mètre quatre-vingt-dix, douze... cent kilos d'os, de muscles, de poils... il en est recouvert. Tous d'identique dimension sur les guibolles, la poitrine, le dos... ça remonte sur la tête... ça lui fait une sorte de frime à la Chéri-Bibi... une tête de bagnard tondu le mois précédent. Un des rares hommes sur lesquels j'ai toujours vu les passants, surtout les passantes, se retourner dans la rue. Il évoque quoi ? qui ?... la bête... le monstre... il est étrange... un côté mystérieux mêlé de gorille. Ce qui le différencie, le dégage du simiesque... ses châsses... bleu très clair, fendus oriental... avec la pupille aiguë. Il transperce le client éventuel, le chaland qui passe. Il se gonfle les épaules en marchant... signe d'agressivité, selon Konrad Lorenz.

C'est un ancien héros de la France libre. Il a beaucoup bourlingué. Beaucoup vécu. Trop, apparemment :

Sans doute qu'avec son gabarit, ses muscles, son gros chibre, ses poils, il se croyait invulnérable. Il menait dans sa jeunesse une vie diurne et nocturne intensive... la gobette... les mignonnes tringlées à la chaîne... son coup de sabre tellement réputé... en volume, raideur... puissance de tir... qu'elles l'assaillaient... il arrêtait plus. On dit, n'est-ce pas, que le poitrinaire creuse sa tombe avec sa queue. Lui, il y allait... le trou profond... il soulevait la terre autour comme un chien qui cherche son os ! La timbale au bout, je vous résume... ce colosse foudroyé... l'hémoptysie qu'il s'en gourait pas le moins. En pleine tringlette, ça l'avait pris, il égoïnait une vedette ce jour-là... une que vous iriez pas, fans admirateurs, imaginer qu'elle puisse s'offrir un tel gorille. Elle était, cette romantique, évanescente interprète des auteurs les plus édifiants : Claudel, Mauriac, Péguy, les vrais chrétiens... portée sur l'instrument de Monsieur. Surtout par l'escalier de service elle se faisait monter la joie. Ran ! et Ran ! Vulcanos, il y allait sadique. Il se revanchait, je déduis, de son enfance abandonnée... l'Assistance publique... Pan ! il mettait les ardeurs doubles. Donc, le coup du sort... le raisiné en gerbe sur la croupe de la dame... en plein orgasme ! Ce cri qu'elle pousse ! Lui non plus ne s'attendait pas. Patatrac ! il valdingue en tubarderie... dans le monde des crachatoriums ! Ça va permettre notre rencontre historique.

La rencontre : encore un petit chef-d'œuvre boudardien : admirez le style, pourléchez vos babines. Voici Alphonse dans son numéro, toujours dans *le Banquet des léopards* :

Le soir où il nous parvint, je ne vous mens pas... un orage justement éclate. Je vous restitue fidèle les circonstances. Il entre dans le réfectoire simultané avec un coup de tonnerre. Dire si toute l'assistance se détronche... ce balèze que je viens de vous dépeindre. Là, il avait trente-sept-huit ans... la force de l'âge malgré ses éponges mitées. On s'attendait pas à voir entrer un colosse tel! Il est en polo grenat... ses futals étroits... les miches bien prises. La mécanique qu'il se développe! C'est sœur Arsène qui nous le précède... quasi centenaire, cette sœur Arsène... sourdingue, moustachue, édentée... vaillante cependant... elle trottine devant cézig. A notre table, il y a une place libre... un petit pote nous a largués dans une flaque de sang voilà quatre jours. Sœur Arsène, elle nous présente.

— Un nouveau petit camarade, soyez gentil avec lui.

On aurait l'intention inverse, ça serait pas beau schpile pour nos matricules. Au premier abord, Vulcanos, on se respire qu'il vous démolit, défonce cinq-six lascars de normale corpulence. [...] L'impression qu'il vous laisse d'un King-Kong rapide comme un tigre. Il s'assoit... la place est étroite pour lui. Il nous adresse un vague salut du doigt sur le côté du front. [...]

On ne sait trop comment l'aborder, engager la conversation. Mais, lui, il va rompre, plutôt pulvériser la glace... Bing! d'un coup de poing. Il se met à se marrer tout à coup.

— Vous devez tous avoir des petites bites?

18

Fin 1955, début 1956, à force de traitements, de médicaments — dont certains lui font « éclater le crâne » ou le plongent dans de véritables crises d'épylepsie — le mal finit par être jugulé. En fait, stabilisé seulement. Il ne faut pas grand-chose pour que le sournois bacille reparte à l'assaut de ses éponges mitées, comme dirait Alphonse. Enfin, c'est un répit. Gisèle vient toujours le soir, il fait le mur et la retrouve dans les bistrots et les petits hôtels de la vallée de Chevreuse. Le sourire est revenu, le rire, le fou rire souvent. Des moments de bonheur...

C'est donc aussi le moment ici de vous présenter un inédit d'Alphonse Boudard, un petit texte sur l'amour [1] :

> *Après tant d'autres depuis des siècles, depuis que le monde est monde... vous parler d'amour! je me sens pas tellement à l'aise.*
>
> *Le sujet, oui, on aimerait s'étendre et pas qu'en jactance. L'amour ça se chante plutôt dans le genre geste. Le reste c'est des fioritures... que des... La sérénade certes est nécessaire. C'est nous qui l'avons inventée. Le pithécanthrope sans doute quand son grognement s'est fait plus doux certain printemps.*

1. Les textes inédits sont en retrait.

Il était cuit c'était la pomme... l'argot vient de loin, il précède les bons usages. L'amour aussi.

D'ailleurs là que je peux ramener ma vague, ma petite science. Ce qu'on n'ose pas dire sur l'amour c'est qu'il pourrait se passer justement de bonne éducation, de langage de fleurs, artifices, arabesques... L'instinct de reproduction vous tenaille, triture, torture... vous possède. A bien réfléchir il fait peur. Tout de même il ressemble à la mort... une tendance... Voir ça de face vous éblouit, vous brûle... nous tue. Pour continuer bien obligatoire de choisir le mensonge... La poésie à la rescousse... la musique à bercer les mots, à tromper l'horreur... L'alibi...

Peut-être pourrait-on mettre les bœufs avant la charrue... commencer par la chair pour trouver l'âme ensuite... Ça serait, je crois, plus raisonnable. Seulement dans la nef des fous le sage n'est qu'un anormal, un amoral, un trouble-fête... On cause, on cause et de toute façon le vent vous emporte... paroles, écrits... il ne restera rien...

L'amour alors c'est peut-être un parfum, un visage tenace qui vous reste lorsqu'on est au bord de la tombe. L'amour c'est sans doute la cuisine des corps... la cuisine des anges pourquoi pas? C'est une très douce chaleur qui vous monte à la tête. C'est l'oubli, le rêve... c'est aussi un jeu, un petit commerce, une vente aux enchères. On peut le mépriser, le prendre à la légère ou de haut. Quand il s'en va on s'agrippe, on s'accroche à n'importe quoi pour le retenir. On brave le ridicule, on se grime, on se déguise. Rien n'y fait. On est vieux, on est laid, on n'a plus qu'à mourir.

On est juste venu pour ça... pour l'amour.

19

Alphonse a trente ans. Il sort du sana, pas trop assuré sur ses jambes, et se retrouve face à la grande ville, avec toutes ses incertitudes.

Comment s'en sortir ? Phrase mille fois prononcée. Bien sûr, Gisèle travaille, elle est la secrétaire d'un journaliste parisien. François Erval, de *l'Express.* C'est maigre. Alphonse a toujours des dettes, des amendes, la fameuse casserole, accrochée solide au derrière. C'est ce qu'il écrit au début de *la Cerise* :

Faut que je vous explique. Beaucoup de gens ignorent que la Cerise c'est la guigne, la poisse, la malchance. Une vieille pote à moi, ma chère compagne, mon amoureuse folle que je retrouve à tous les coins de rue de mon parcours. Si elle me colle au train, la salope ! me saoule, m'ahurit ! Toujours là, fidèle à tous les rendez-vous ! Fidèle comme un chien, fidèle à la mort. J'ai beau faire, toucher du bois, me signer, éviter l'échelle par en dessous, j'arrive pas à l'exorciser. Elle me sourit en Code pénal, me roule des patins aux bacilles, me fait des caresses au bistouri, m'envoie pour ma fête des bouquets de flicailles, d'huissiers, des billets doux papier bleu. Même aux brèmes j'ai rarement beau schpile, j'ose plus les toucher, je m'écarte des tripots. Rien à chiquer, je suis pris. C'est ça la Cerise, l'existence entre chien et loup, entre deux douleurs, entre deux gendarmes.

Il ne lui faut pas trois mois pour replonger — mais cette fois, sur une grande échelle, jusqu'ici on l'a vu traficoter, écouler des faux billets, un tas de petits trucs qui lui ont déjà coûté très cher — on a l'impression qu'il se dit, là, tant qu'à faire, allons-y.

Je me suis efforcé d'expliquer, plus haut, qu'Alphonse n'était pas, très probablement, un malfaiteur dans le plein sens du terme : qu'il lui restait tout un ensemble de limitations, comme une sorte de code personnel ; une espèce de morale — il ne s'agit pas de notion de bien et de mal, mais de quelque chose de profond, à l'intérieur, qui prévient le pire —, cette « morale », donc, l'avait jusqu'ici empêché d'aller trop loin.

Pourquoi va-t-il franchir un nouveau pas ? Il y a d'abord des trucs qui lui reviennent en mémoire.

Dans l'une des nouvelles de son recueil *les Enfants de chœur,* il raconte comment, dans son trou, face aux Allemands, il méditait, en serrant son fusil automatique :

Quand cette guerre finira, je saurai me servir de toutes les armes anglaises, françaises, chleues, américaines, peut-être même soviétiques, et ça sera alors devenu inutile. A moins de se reconvertir dans le braquage de banques. Ça risque de vous donner de mauvaises idées.

Un autre épisode particulièrement périlleux de sa vie militaire remonte à la surface. Là, il a fait preuve de pas mal d'audace et de témérité.

C'était en 1945, après la capitulation allemande. A tous ces jeunes soldats survivants des durs combats de la fin de la guerre en Europe, l'Armée française proposait de participer à la lutte contre les Japonais : avec toutes sortes de propositions mirifiques, du genre entraînement en Amérique, stage de parachutisme, etc. D'après de nombreux témoins — et Alphonse Boudard lui-même —, il s'agissait d'un véritable abus de confiance. La réalité, c'était l'Indochine. Beaucoup se laissèrent prendre au piège, dont Alphonse. Il raconte, dans *le Café du pauvre*, la prise de conscience de la supercherie, dans une caserne de l'infanterie coloniale. Mais il est trop tard pour revenir en arrière. L'engagement est signé.

Alors Alphonse et deux de ses copains vont monter une véritable attaque à main armée :

Petacci va foncer, piquer la jeep, embarquer nos paquetages et nous arracher dès que j'aurai repris nos dossiers. La simplicité de l'opération. Mufflard m'escorte dans le baraquement... jusqu'à la porte du bureau.

— Pardon, mademoiselle, je voudrais consulter trois dossiers.

Je suis entré sans frapper. La mignonne afate, la blonde que je lutinerais si bien en d'autres circonstances, n'a pas le temps de me répondre, m'autoriser. J'ai déjà saisi le paquet... rapidos, je retrouve nos trois feuilles d'engagement, nos fiches... Mufflard, Petacci, la mienne... je les estoufarès... pliées en deux dans ma vareuse.

— Mais vous n'avez pas le droit de les emmener...

— On va le prendre, cocotte.

L'emmerde, avec des mecs genre Riton, c'est qu'ils poussent très vite trop loin le bouchon. Il brandit son parabellum sous la frimousse de l'afate qui s'était levée pour essayer de m'arrêter. Oh ! elle se rassoit d'un seul coup.

— Mais... mais... qu'est-ce qui vous prend?

Elle bafouille, les yeux tout écarquillés. Ça lui est jamais arrivé d'avoir un calibre brandi sous le minois. Elle se demande s'il ne va pas tirer, ce type à tête de bandit... elle perd ses moyens.

— T'as intérêt à fermer ta gueule!

Y a plus maintenant à revenir en arrière. On s'arrache de ce bureau, du baraquement... en voltige, on grimpe dans la jeep!

Un an plus tard, Alphonse réussit à retrouver le fameux Riton, celui qui avait le revolver facile. Devenu Riton-les-Pognes, c'est un petit caïd du *milieu* de Belleville.

Avec lui, Alphonse échafaudera quelques hypothèses de coups nettement plus ambitieux que les petits trafics habituels. Mais c'est Riton-les-Pognes qui l'en dissuade : les temps ne sont pas mûrs, il est trop vert, l'Alphonse, il en a encore à apprendre...

Ce qu'il a encore à apprendre, en priorité, c'est le Code pénal... La bible de tous les truands de l'époque, qui leur enseigne de saints préceptes, comme de ne pas porter d'armes sur soi : l'addition sera moins lourde, en cas de malheur.

Dans ses longs séjours en prison ou en sana, Alphonse a lu le Code pénal, en même temps que les grands classiques. Quand il se prépare, au début 1956, pour sa grande carrière de truand, il est paré : il sait ce qu'il faut ou ne faut pas faire.

La vie lui a appris le reste. D'un jeune loup, elle a fait un vrai professionnel de la marginalité. Il ne croit plus à rien; ni espoir ni rêve, rien ne le sauvera plus désormais. Il n'a pas peur, il est prêt à tout.

Il va devenir chef de bande.

20

L'objectif, c'est le coffre-fort. Parce que, même dans cette grande bascule dans la truanderie, Alphonse cherche à rester dans un domaine « propre ». Pas d'horreurs assassines, pas de sanglants hold-up, ni de dégoûtantes escroqueries. Non, le coffre d'usine, de grande entreprise, celui qui contient beaucoup d'argent, sans que le vol soit une tragédie pour le très gros patron.

Je n'écris pas ces lignes pour justifier quoi que ce soit. Ni Alphonse ni les casseurs. Et Alphonse lui-même parle de ce moment de sa vie avec une profonde tristesse, un dégoût non dissimulé : « Je ne suis pas particulièrement fier de tout ça », dit-il.

Et d'ajouter, à destination de la corporation, si j'ose dire : « Ce qui les fait agir, c'est la vénalité, le pognon. » Pas un mot pour glorifier en quoi que ce soit les malfaiteurs, parasites de notre société.

Non, si je ne peux que le juger sévèrement, l'Alphonse d'alors, comme il le fait lui-même aujourd'hui, je ne suis pas mécontent de lui trouver quelques circonstances atténuantes tout de même.

Dans la police d'ailleurs, on le catalogue « pas très dangereux » : il appartenait, nous a dit le commissaire Le Taillanter, à une époque où la hiérarchie de la délinquance existait réellement. On ne devenait pas un grand casseur du jour au lendemain, on faisait ses armes, on rentrait dans une équipe, on se faisait distinguer, on devenait plus important. On s'éloignait du banal défonceur de portes sans envergure pour entrer dans la véritable aristocratie, celle du chalumeau oxydrique :

« Eh oui, ajoute Alphonse, pensif. C'était l'époque de l'artisanat. C'était le pain Poilâne, le petit travail bien fait par de vieux pros. Et encore une fois, on évitait d'être armé, on évitait certaines circonstances qui auraient pu aggraver notre cas.

« Maintenant ils allument, la concierge ils la mettent en l'air, en route ils rencontrent un clébard, ils le tuent. Et puis ils font sauter la maison et ils regardent si il reste cent balles. C'est devenu véritablement un univers de dinguerie, de bande dessinée. C'était autre chose, le travail bien fait comme on dit... »

Il est difficile de résumer, et même de récapituler, ce que fut la brève carrière d'Alphonse — trois ans — dans le casse des coffres-forts. Parce qu'il est lui-même assez vague sur beaucoup de points — on le comprend — et que, dans ses livres, il s'est consciencieusement appliqué à modifier la réalité pour éviter de rendre trop apparent un ancien complice, trop évidente une situation encore brûlante (à l'époque, quand il a écrit *la Cerise*, par exemple, il était encore en prison). Ne pas oublier, aussi, cette répugnance à évoquer cette partie noire de son existence.

En gros, ce que l'on peut dire, c'est qu'il semble être devenu assez vite la « tête pensante » d'une petite équipe de malfrats, avec un côté juste limite des Pieds-Nickelés. Il y a celui qu'Alphonse appelle Marcel, un vieux copain très alcoolisé qui trimbale une allure de semi-clochard et se sort des situations les plus périlleuses avec un aplomb et une ruse invraisemblables :

Un hasard pur s'il se trouvait là. C'est même lui qui demande ce qui se passe. Il ne sait rien, n'y est pour rien... Il ne s'indigne pas. Petit à petit, il désarme le commissaire, se fait mépriser jusqu'à ce qu'on le relargue comme un malpropre, le pousse à la lourde sans excuses... que les lardus s'engueulent entre eux d'avoir sauté un pareil minus. A la discorde, il les possède. Je l'ai vu s'arracher de pétrins où les plus viceloques malfrats seraient restés accrochés. Ça frise le génie... un génie forcément méconnu et qui s'exerce dans un art scabreux.

C'est, au fond, le seul élément à peu près sûr de la bande. Canaque — c'est du moins ainsi qu'Alphonse désigne la seconde recrue — est, lui, très proche du fou furieux. Il n'a aucune notion du risque, du danger. Prêt à tout, fonçant tête baissée dans les pires embuscades, c'est un personnage d'épouvante. Qui finira avec une balle dans le cœur, comme on pouvait s'y attendre.

Le troisième larron est exactement le contraire, un type falot, pusillanime, cet Edmond Clancul qui, lui, finira derviche adorateur de Krishna.

Enfin, le « Rouquemoute », Dédé-le-Rouquin ; d'après la description — toujours pour brouiller les pistes — c'est un as du chalumeau oxydrique, indispensable ouvrier du casse. C'est aussi un minable souteneur, exploitant les charmes défraîchis d'une malheureuse vieille pute des ruelles de Barbès. Mais il est surtout habité en permanence d'une trouille noire qui ne contribue guère à l'assurance du geste.

On parle, comme ça, sans trop de détails, de certains coffres percés du chalumeau de telle manière que les billets à l'intérieur étaient retrouvés calcinés...

Tout ça n'est pas très sérieux. On a presque l'impression d'une conduite d'échec. Alphonse est-il, à ce moment-là, un faux truand ou un vrai honnête homme qui se fabrique une fausse bande de malfrats pour mieux rater les mauvais coups qu'au fond de lui-même il réprouve ? C'est le scénario du *Pigeon* de Monicelli, c'est le casse à l'italienne, bricolo et maladroit, et qui ne rapporte pas grand-chose.

Et qui ne se situe pas, très vraisemblablement, dans les sommets de la grande criminalité.

En tout cas, c'est le moment le plus noir de la vie d'Alphonse.

Un moment qui a sans doute été vécu très mal par ses proches : mais on n'en parle pas.

Personne n'était au courant. Il avait des combines, des trucs, des boulots, pour gagner un peu de fric et faire des sorties nocturnes avec des copains. On n'en savait pas plus.

Un moment noir, qui va se terminer mal.

21

Mon complice Marcel, rapporte Alphonse au début de *la Cerise,* disait toujours à propos du vieil adage, qui vole un œuf, etc. : « Après le bœuf, on s'arrêterait peut-être. »

Et il ajoute :

« Il se passe une chose, dans ces métiers, appelons ça des métiers marginaux, c'est qu'on se remet tout le temps en jeu et on finit par se faire prendre. Et on a une conscience obscure qu'on se fera piquer un jour ou l'autre, mais on va quand même sur la corde raide. »

Alphonse a raconté, dans *la Métamorphose des cloportes,* comment il a été pris.

Ça n'aurait même pas fait un bon scénario de film de truands. Résumons-nous : deux cambrioleurs dans une boutique de pompes funèbres en train de s'occuper d'un coffre. Un troisième fait le pet dehors. Passent deux matuches à bicyclette, deux bonnes truffes de flics absolument inoffensifs, songeant au coup de rouge qu'ils vont se taper tout à l'heure en arrivant au poste. Edmond trouve le moyen de se rendre suspect. « Nous avons tout de suite compris que cet individu était louche. »

Ils se font part de leur méfiance, freinent, mettent le

pied à terre. « Nous nous apprêtâmes à lui demander ses papiers lorsqu'il accéléra le pas. Nous trouvâmes cela étrange. Subrepticement, l'homme frappa contre le rideau de fer. Nous le vîmes formellement. Halte ! lui cria le brigadier, ce qui eut pour effet de le faire courir. Je bondis sur ma bicyclette et le brigadier dégaina son revolver. Et c'est alors que je vis un deuxième individu qui sortait de la porte cochère sise à la droite du magasin. Il s'avéra, par la suite, que c'était le nommé Boudard Alphonse. Je me lançai à sa poursuite imité par le brigadier, ce qui favorisa sans aucun doute la fuite du premier suspect ! »

Voilà, tout pour ma poire, les deux mannequins à mes trousses. Haut les mains ! Le coup de semonce qui vous frôle les tifs. L'ouverture de la cerise. « Nous l'appréhendâmes, non sans mal. » Il avait fait un beau boulot ce Clancul de malheur ! Rouquemoute, qui était derrière la porte avec moi, avait profité de la diversion pour s'esquiver. Rien à redire, c'est dans les règles. Le lendemain, je me morfalais les hors-d'œuvre dans les bureaux de la 20e brigade. Complices en cavale, matériel de perceur sur le tas, gants, pince-monseigneur, deux lampes de poche, une voiture volée à proximité des lieux !...

On ne peut pas faire pire. Ça ne s'est peut-être pas passé comme ça, ça n'était peut-être pas une boutique des pompes funèbres, la ronde de police était peut-être plus nerveuse *a priori* (on était en 1958, en pleine guerre d'Algérie, terrorisme FLN, etc.) et Alphonse parle autre part d'une alarme qui se déclenche. Mais le résultat est le même : le flagrant délit dans toute sa beauté, ou plutôt son horreur. Récidiviste, dangereux malfaiteur, le voilà pris la main dans le sac :

« Il fallait que je gagne du temps. Alors je peux le dire maintenant, j'ai mimé une hémoptysie. Dans les commissariats on vous met soit en garde à vue, ça c'est pas trop grave, c'est les putes ou les clochards, soit au violon. Là, c'est une cellule obscure avec juste des chiottes et il y avait un petit grillage. J'ai réussi à décortiquer un bout de ce grillage, je me suis tailladé le fond de la gorge pour provoquer un saignement semblable à une hémoptysie et me faire emmener à l'hosto. C'était une ruse de façon à ce que je ne subisse pas les premiers feux de l'interrogatoire. J'avais gambergé tout ça. J'étais relativement malin. Pas absolument puisque je n'aurais jamais dû être pris. Mais à partir du moment où j'ai été arrêté, je mettais en action tous les moyens possibles pour m'en tirer avec le moins de dégâts. Et pour ne pas mettre en péril non plus les complices qui étaient dehors et qui cavalaient. »

C'est beau de sa part. D'autant plus que les complices en question le laisseront royalement tomber ensuite. La rancœur qu'il éprouvera et le besoin irrépressible de vengeance seront les thèmes de son premier livre, *la Métamorphose des cloportes.*

Mais on n'en est pas là. Pour le moment, Alphonse est à la fameuse salle Cusco de l'Hôtel-Dieu où l'on hospitalise les malfaiteurs blessés, face à un médecin sceptique, qui le renvoie le lendemain à la police :

« J'essayais de me dire : comment je vais me dépêtrer de ça ? Ce genre de situation vous amène à une espèce de gymnastique dans la tronche. Ce qui fait que ça vous aide à vaincre la peur. La technique aide à vaincre la peur. Un soldat qui a la technique de son arme et du combat a moins peur qu'un type qui est lâché avec un fusil dont il ne sait pas se servir. Là, c'est pareil. J'essayais d'être le plus pro possible. De toute manière, ça s'est passé assez correctement. On était dans un temps où ça tabassait plus comme avant. A mes débuts, il m'était même arrivé de me retrouver accroché à un radiateur par les menottes, avec un flic qui m'avait fait retirer mes godasses et qui me filait des coups de talon sur les pieds. C'était très désagréable. Non, là, c'était plus ça. C'était l'interrogatoire serré, tous ces flics tournant autour de moi. Plusieurs hommes appliquant différentes méthodes pour essayer de vous faire mettre à table. Tout est bon. Il y a la menace. Il y a ceux qui sont tout prêts à la méthode dure. Il y a le bon papa la larme à l'œil, qui dit j'ai un fils de ton âge, comme toi il aurait pu mal tourner. Celui-là on le voit venir tout de suite. Il y a celui qui arrive et qui vous prêche le faux pour savoir le vrai.

« Et puis ils ont essayé quelque chose d'absolument ignoble, que j'ai raconté dans une nouvelle des *Enfants de chœur.*

« Tout d'un coup les flics m'ont fait un chantage en me disant qu'ils allaient m'emmener voir ma mère qui était en train de mourir à l'hôpital. Et évidemment, ils m'ont emmené jusqu'à la porte de l'hosto et puis là ils m'ont dit voilà, il faut que tu nous dises ça ou ça et tu iras la voir. »

Et Alphonse se retrouve à Fresnes, cellule 208, 2e étage, 2e division.

C'est *la Cerise* qui continue.

Je suis dans cette cellule du bout de la taule, guenilleux, grelottant avec ma galtouse de soupe froide que je n'ose pas toucher. Et alors, j'ai le sentiment très précis, là, à cet instant, et ça va me rester pour toujours dans la mémoire, de ce qu'on appelle toucher le fond.

22

Il a choisi un avocat connu, important, pour lequel l'affaire Boudard est une toute petite chose, le tout-venant. Alphonse a peint cet avocat sous les traits de maître Lubary, grand avocat mondain, beau parleur, chasseur de tous les gibiers, et d'abord féminins. C'est bien entendu avec quelque amertume qu'Alphonse, du fond de son trou, accueille les paroles condescendantes de son avocat. Pour qui une seule stratégie est possible : éviter les assises, limiter les dégâts, rester dans le domaine du délit, viser la correctionnelle. Cela fait au bout du compte une sacrée différence : cinq ans au lieu de vingt.

Le juge d'instruction poursuit Alphonse de sa hargne, d'ailleurs, il faut le dire, très justifiée. Il refuse, au printemps 1959, la mise en liberté provisoire :

> Attendu... que les faits sont graves, que la détention est nécessaire à la manifestation de la vérité, que l'inculpé n'offre aucune garantie sérieuse de représentation...

Le 30 octobre 1959, l'avocat d'Alphonse lui écrit :

Je vous déconseille formellement d'interjeter appel de la décision du tribunal.

Des renseignements qui me sont parvenus, il résulte que vous revenez de très loin, le procureur ayant envisagé de manière très sérieuse votre renvoi aux assises pour association de malfaiteurs.

Par conséquent, je vous déconseille de faire appel et je vous propose d'ici quelque temps de déposer, vu votre qualité d'ancien combattant, une requête d'application de la loi d'amnistie : c'est de loin la solution la plus favorable, d'autant que la 10e chambre de la cour devant laquelle vous passeriez est intraitable pour les délits de cette espèce, eu égard à la recrudescence des cambriolages et des hold-up dans la région parisienne.

Je suis retourné avec Alphonse au palais de justice de Paris, dans cette 10e chambre où s'est déroulé le procès.

« De tous les endroits où tu me ramènes, m'a dit Alphonse, c'est vraiment le plus pénible... »

Il s'est assis au banc des accusés, exactement là où il était, en cette fin d'année 1959.

« Oui, c'est toujours un moment pénible. On entre en scène, il y a du théâtre qui va se passer là. Chacun joue son rôle. Il y a le méchant qui est de ce côté-là et les bons qui sont de l'autre côté. La presse observe, le président va condamner, le procureur peut-être va se lever et les avocats vont tenter de vous obtenir des circonstances atténuantes qui ne sont pas toujours très évidentes. »

Maître « Lubary », comme il l'a annoncé, évoque dans sa plaidoirie les glorieux états de service d'Alphonse. La Résistance, les barricades, la bataille d'Alsace, la blessure... tous les bons points.

Ça ne marche pas très fort. Alphonse, quand il y repense, devient très grave, presque violent :

« Pour moi, il n'y a pas de justice, ça n'existe pas. Parce que tout homme, même le pire, a quelque part au fond de lui des espèces de circonstances atténuantes que la justice humaine ne peut pas apprécier. Elle est peut-être en droit de réprimer, mais ne peut pas l'apprécier réellement.

« On ne s'en sort pas ; j'étais avec un complice qui avait de très mauvais renseignements de police. C'est-à-dire qu'il allait dans les bars, qu'il fréquentait des putes, des maquereaux, des voyous. Papiers très mauvais. Et puis quand ils sont arrivés à moi, ils avaient fait une enquête de police, ils trouvaient rien. Le procureur a dit : “ C'est simplement qu'il est plus malin, il se fait pas voir, il est plus intelligent que l'autre, donc il n'en est que plus coupable. ” Tu te demandes ce qu'il faut faire... De toute façon tu es marron. »

Alphonse écope du maximum : cinq ans de prison. Et encore, bien heureux de ne pas avoir été aux assises.

Direction Fresnes, où va commencer la période la plus intéressante de sa vie.

23

Parce que c'est là qu'il va réellement effectuer sa métamorphose, le cloporte casseur de coffres. Il va se muer, non pas en être différent — on a vu que c'était un individu attachant, sympathique et doué — mais plutôt *prendre conscience*, passer en quelque sorte à un état adulte et fort qui va ensuite lui permettre d'accéder à l'écriture.

Cette prise de conscience, c'est d'abord la sensibilité aiguë à l'entourage, cette merveilleuse capacité qu'il a toujours eue d'accumuler les détails, de fixer les attitudes, les scènes, dans une photographie intérieure continuelle. Il les restituera un jour, d'une manière saisissante :

*C'est aussi, je n'oublie pas, la prison, des gueules. Des tas de gueules qui sont rassemblées là en vrac comme dans l'antichambre de l'enfer. Des tronches de malédiction qui viennent de la nuit des temps ! Qu'on ne croyait plus que c'était possible, en plein XX*e *siècle, aux abords de la ville lumière ! On s'écarquille... Du cauchemar moyenâgeux ! Du coquillard ! Du Bosch ! De la gargouille ! De l'idole asiate ! Gueules rasées au couteau de cuisine, gueules de sournois, d'assassins blêmes, d'étrangleurs à la petite semaine. Gueules en lame de scie, en* *lame de couteau, gueules en lambeaux de quatre coins de monde. Gueules sans yeux, sans dents, sans patrie ! Gueules d'ivrognes privés de picton, de tueurs aux aguets, de traqués, de torturés, triturés par le remords d'avoir loupé la rentière ! Gueules de bourreaux d'enfants ! Gueule hilare du récidiviste incorrigible satisfait, gueule de souteneur sur cravate de soie, gueules de vagabonds, de mendigots ahuris ! De fourgues au regard palpeur... Gueules des causes perdues, des entreprises avortées. Faces couturées, tatouées, ratées, ridées, tordues de douleur ou de haine et figées une bonne fois pour toutes dans un rictus atroce !*

Non, ce n'est pas Céline qui s'installe dans la tête et dans le cœur d'Alphonse, dans cette cellule de Fresnes. Vous le voyez, c'est Balzac, c'est Zola. D'ailleurs, l'un des premiers textes qu'il écrit est précisément un texte sur Zola : *Lecture de Zola au gnouf.*

Je n'ai jamais l'idée, l'envie d'appeler Émile Zola, Mimile. Il m'a toujours impressionné, cet homme, avec son style soigné, ses lorgnons et sa barbiche. Il a un côté Pasteur... on a envie de le respecter.

Zola, bien sûr, je me l'étais, au temps du certif, farci en dictées... en explications de textes. Il m'avait fait ronger mon porte-plume, Zola... tout comme Balzac, Chateaubriand... Jean-Jacques Rousseau. C'est dire s'il me laissait de joyeux souvenirs. Je préférais alors les mouches à coller par les ailes sous les feuilles de papier-chiottes... le papier avance tout seul ensuite sur le bureau, ça participe de la farce et du merveilleux, essayez voir... J'avais bien dû me le copier, Zola, en punition par page entière. Ainsi dégoûte-t-on définitivement les cancres des belles lettres.

Enfin immobile, en carluche... que faire ? L'âge de

faire des misères aux mouches vous est passé, hélas !... on se prend à des exigences de l'intellect... voilà... on songe à se mettre dans ses meubles de l'esprit. De bric et de broc... ce qui vous parvient au fond de la geôle... Et c'est Zola tout un hiver... tandis que dehors les filles se donnent, se vendent ou se prêtent... que les enfants font des boules de neige et le général de Gaulle des discours. Donc, Zola m'arrive... Je gaffe un peu le premier volume... Pot-Bouille, *il me semble dans mes souvenirs. Je me méfie... s'il allait, ce barbichu à lorgnons, me foutre le noir, m'endeuiller la tronche avec des personnages sinistres. Ça, je n'en ai vraiment pas besoin... j'ai tout ce qui me faut autour de moi... torgadus, pervers, misérables... des borgnes et hypocrites en sus... des assassins diurnes et ruraux, de joyeux souteneurs justiciers... un étrangleur de petite fille... un dépeceur de son épouse pour aller, avec les morceaux, à la pêche aux écrevisses. Ça serait tout de même con d'aller m'enfoncer un peu plus dans les noirceurs de l'existence.*

Tout de même je m'isole, je me plonge et me passionne et je note... je n'arrête plus... j'attaque les Rougon... *toute la série... des volumes bien vieux, les pages qui sentent le moisi... je m'émerveille ! Si j'avais su, triple connard que je suis, je l'aurais lu, ce Monsieur Zola, plus tôt... je le relirais à présent. La délectation pas morose du tout malgré les sujets qu'il traite scalpel et plume à la main...* La Débâcle, *ça m'emporte le vent...* L'Assommoir, *on n'a rien écrit depuis de plus impitoyable en tant que roman social, de plus fort. Et ce qui est fort, ça ne peut pas, même en cul-de-basse-fosse, vous démolir la santé morale.*

Zola le premier, je trouve, a vraiment su parler du peuple, des pauvres, des ivrognes, des boutiquiers et des putes.

Le premier, il a transposé le langage parlé populaire en langue écrite. Relisez la fin de l'Assommoir, *lorsque Ger-*

vaise sombre dans l'alcool, la misère, le clochardisme, qu'elle va mourir... elle monologue et, là, c'est déjà Céline.

L'argot, Zola y a été très attentif. Il l'a reproduit avec soin, avec exactitude (pas d'à-peu-près comme chez Hugo et Balzac). Il ne donne pas dans le pittoresque. Il écrit comme il convient à son sujet. Et je remarque, en passant, que l'argot de 1860 emploie : frusques, béguin, troufignon, traqueur, braise, turne, sagouin, être poivre, percher, décaniller, se rincer la dalle, etc., que ça ne vieillit pas si vite la jactance des faubourgs.

Avec ses plus belles créations, il arrive au type, comme Molière, Beaumarchais, Balzac. Coupeau, je l'ai rencontré, surtout dans mon enfance, cent fois... Il est la résultante d'un monde bien précis... il suit toujours le même parcours. Gervaise a toujours aussi cette tentation du petit commerce qui va vous rendre indépendant.

Nana, c'est la pute. Toutes les putes ne sont pas comme Nana, bien sûr... mais dans toutes les putes il y a toujours un peu de Nana.

Parenté des peintres et des écrivains d'un même temps. Bien sûr, pour Zola il y a Cézanne. Mais il y a aussi dans ses plus belles pages un air de Courbet... de Degas, Renoir... Lautrec aussi. Par la justesse et l'entrain du trait. L'ironie qu'il obtient par la précision.

Zola commence un roman et, dès la première page, on sait, on sent qu'il ne va rien nous épargner... qu'il ira jusqu'au bout... tranquillement... *que la tragédie est en route et que rien ne pourra l'arrêter... qu'il ne fera aucune concession au drame. Zola est un classique.*

L'erreur c'était, tout le monde en convient maintenant, de croire au roman expérimental. Tous les grands romanciers balayent les théories, les règles. Ils ne peuvent pas s'y résoudre, s'y enfermer. Zola, le premier... Consciencieux, il s'y efforcera, mais il éclate, il est pris par ses person-

nages. Il a beau faire, le poète est là et, lui, il a besoin surtout de liberté.

Je n'arrive toujours pas à l'appeler Mimile, ce Monsieur Zola. Comprenne qui pourra, il me parle au cœur tout de même.

24

Alphonse Boudard est peut-être notre Balzac. Il n'aime pas que j'écrive ça : « Tu ferais mieux de mettre " déshonoré de Balzac " », grince-t-il. Pourtant, je crois bien que ses livres sont un peu notre *Comédie humaine.* Celle de notre temps, une tragi-comédie nerveuse, embouteillée, agressive et féroce. Il ne raconte pas sa vie ; il raconte la vie ; celle qui grouille en dessous de nous, dans les prisons, les hostos, les sanas, les bordels.

La Cerise, c'est une galerie de portraits ahurissants : de tous ceux que le hasard pénitentiaire installe de force dans la cellule d'Alphonse.

C'est d'abord un énorme gorille, qui a tué à coups de poing un pauvre Noir dans une plantation gabonaise.

Arrive ensuite un pianiste virtuose allemand en pleine déchéance. Le jeu l'a amené au vol et à la paille humide du cachot. Un être sensible et fragile, que le monstre gabonais va persécuter :

« C'était une confrontation terrifiante parce que le mec se levait, il pétait et il disait : c'est la *IX*e *Symphonie de Bite-au-Vent.* Alors naturellement l'autre souffrait rien que d'entendre une chose pareille. Comme il avait en face de lui cette énorme armoire à glace, velue et tout, et il n'osait rien dire, le Chleuh. C'était un intellectuel antinazi, qui avait été pendant la guerre en

Suède, un homme très cultivé. Ce qui se passait, c'est que quelquefois on rencontrait des gens de toutes sortes. Je ne l'ai pas connu en prison mais par exemple j'aurais pu être en cellule avec Pouillon. Être emprisonné avec Fernand Pouillon, le temps aurait passé d'une façon admirable. Mais si vous êtes avec le Gabonais qui pète... Et il y en a d'autres... J'ai raconté dans *la Cerise*, le mec qui s'installe sur la paillasse et qui fait le chauffeur d'autobus. Toute la journée il est là avec son volant imaginaire. Alors il vire, il engueule des gens invisibles, il serre le frein, il se lève pour le casse-dalle, il repart, il fait ça toute la journée. On se regardait avec l'autre, on se disait : " Qu'est-ce qu'il a, il est fondu ce type... " On pouvait pas savoir si c'était un vrai fou ou si c'était un type qui " battait les dingues ".

« Battre les dingues, ça veut dire mimer le fou pour avoir une atténuation de peine ou se retrouver carrément dans un asile d'aliénés, ce qui vaut mieux pour les assassins que la guillotine. En ce temps-là, il y avait la guillotine. »

La grande souffrance, en prison, c'est bien évidemment la privation de femmes. Du moins, pour les hétérosexuels, car les autres sont plutôt dans leur élément. Alphonse souffre donc. Quant aux autres, il va les décrire dans un chapitre très drôle du *Banquet des léopards.*

Mon codétenu, mon compagnon d'ergastule, c'est Karl... Karl Bauerfuchs. Pendant que je me lis ma Chartreuse, *lui il pique le dix, Karl ! Il arpente la cellule de la fenêtre à la lourde comme vous voyez faire les tigres au zoo. Il est tout muscles, mâchoires et sexe. Il bouffe comme trois, il fait ses tractions sur le plancher et il bande du soir au matin. Il va près des chiottes, il se la sort drue, droite... le gland... le comac morceau, une sorte de sorbet au cassis ! Il se pogne carrément devant la cuvette. Il se tourne... moi toujours avec Fabrice del Dongo... la* Chartreuse... *la « Sanseverina » ! Je l'entends tout de même... han ! han ! il fait. Il se soulage... asperge le mur de ses spermatozoïdes au-dessus du robinet parmi les moisissures. Il reste une bonne minute à savourer sa jouissance, reprendre son souffle... attendre un peu que ça se dégonfle. Il essuie son foutre avec un vieux bout de chiffon... « J'ai bensé à Mardine Karol ! » il m'annonce et qu'il l'enculerait bien si, par hasard, par un coup de braguette magique, elle arrivait là, tout offerte, toute consentante, Mardine Karol ! Moi aussi, certes ! Karl, les privations sexuelles, ça le complexe folingue, obsédé... il se branle tout le temps... il s'embourbe tout ce qui accepte, tous les copains. Je vais vous narrer, vous allez lire... à peine croyable ! Un homme des cimetières, un fossoyeur qu'il a réduit mignonne, ce salingue détraqué !*

Le récit des amours du fossoyeur et du SS occupe les dix pages suivantes, inénarrables.

On notera que dans tous les cas, avec le monstre gabonais ou le fou masturbateur, Alphonse se peint toujours en train de lire, son occupation favorite. Il ne lit pas, il dévore. Tout ce qui lui tombe sous la main. Le pire comme le meilleur :

« Le chariot de la bibliothèque arrivait et on vous donnait trois livres. On tombait sur n'importe quoi. C'était parfois totalement absurde, vous pouviez avoir un traité de mathématiques. Je me souviens toujours des premiers livres que j'ai reçus. Il y avait *la Couba des Sultanes, Mère à quinze ans par la faute de qui,* d'un auteur qui s'appelait Prioulet, mais aussi, heureusement, *les Vrilles de la vigne* de Colette.

« Avec les voisins, c'est toujours difficile de se

concentrer sur une lecture intéressante. Parce que vous avez les bavards, les types vous parlent tout le temps. Vous avez des types qui font du bruit... La grande difficulté de vivre en commun c'est toujours le type qui va chier au moment où on va bouffer. N'oubliez pas, bonnes gens, que dans la cellule, les chiottes sont dans la pièce... »

Malgré toutes ces contraintes, Alphonse achève ce qu'il appelle ses universités de Fresnes-lès-Rungis. Après Zola, Céline, ses grandes amours inévitables, il va faire connaissance avec toute la littérature — jusqu'aux « modernes » qu'il refusera, en bloc, avec bon sens.

Beaucoup de gens écrivent en prison : c'est un passe-temps comme un autre. La première idée d'Alphonse est en quelque sorte d'écrire et d'exorciser la privation sexuelle.

Le voilà embarqué dans la rédaction clandestine de romans coquins, voire pornographiques. Cela lui vaudra une nouvelle condamnation : à l'époque, au début des années 60, on ne plaisantait pas avec le porno. Aujourd'hui, cela paraît inimaginable... Toujours est-il qu'Alphonse se met à écrire. C'est le plus important. Derrière ces premières pages que vous allez lire, on voit petit à petit poindre le talent, original. Tout acte d'écriture étant utile, au moins comme entraînement, ce premier essai est intéressant. Et, en tout cas, complètement inédit. Voici donc le début de *Voluptés interdites* signé « Lucky Desbonnières ».

Le désir triomphal, en son commencement,
Exige toutes les aisances ;
Il ignore le temps, le sort, l'atermoiement ;
Il exulte, il chante, il s'avance !

Comtesse de NOAILLES.
(Poème de l'Amour)

A l'époque bien sûr, on ne m'appelait pas encore Lucky. J'étais presque une petite fille. Je dis « presque » parce que déjà j'avais de magnifiques seins. Ils étaient plus fermes, plus pointus que maintenant. Je ne sais pas si les « Kestos » existaient déjà, mais je vous jure que je me passais bien d'eux. De temps en temps, le soir dans ma chambre, je retirais ma chemise et je contemplais mon buste devant la glace. J'en étais très fière. J'en suis d'ailleurs encore contente. N'allez pas croire que ces merveilles de la nature se sont transformées en blague à tabac et ballottent sur un ventre couvert de vergetures. Ils ont simplement évolué. Comme moi. Ces fruits verts sont devenus mûrs ! On pourrait les comparer aisément à de belles poires bien appétissantes. Oui, on a envie de les mordre à pleines dents ! Et il en faut pour tous les goûts ! La jouvencelle campagnarde a son public masculin aussi bien que la demi-mondaine de trente-cinq ans. Vous allez vous en rendre compte en lisant mon histoire.

Je passe sur mes années d'enfance. Contrairement à ce que tout le monde dit de nos jours, je ne pense pas qu'elles présentent un intérêt très grand. On joue. On laisse couler le temps. Ce dont on se souvient le plus, c'est évidemment des choses qui ne se disent pas tout haut... qui ne s'écrivent pas en toutes lettres. Pourtant je suis décidée à tout raconter. Je vais renverser les tabous. Tant pis pour ma réputation ! Je suis une garce. Je l'avoue franchement, calmement ! Et cet aveu ne m'empêchera pas de dormir cette nuit comme un ange (mais les anges dorment-ils ?). A moins que je ne sois encore dans les bras d'un homme, vibrante, écumante de plaisir... gémissante sous les coups de boutoir du mâle. Ces coups qui ne cesseront pas de marteler les secondes tant qu'il y aura sur terre des femmes et des hommes. Éros est le dieu le plus puissant, qu'on le veuille ou non ; si depuis longtemps on ne sacrifie plus dans les temples, il lui reste l'adoration perpétuelle de tous les couples qui s'enlacent... qui s'enlaceront éternellement ! Quand je dis « les couples », c'est pour généraliser. On sait que l'amour ne se pratique pas qu'à deux ! C'est un Art ! Le père de tous les arts, en somme. Il prend toutes les formes, toutes les dimensions que les artistes veulent bien lui donner. Il a son cubisme lui aussi, son surréalisme, son romantisme et son classicisme. Je crois même qu'on revient toujours à ce dernier. Finalement il n'y a rien de plus beau qu'une fille de vingt ans bien faite dans les bras d'un Apollon. Mais puisque je raconte ma vie et que je veux tout dire, nous passerons donc par toutes les formes... toutes les expériences... les écoles !... Je puis me vanter d'en savoir un peu sur la question !

Je devais être ce qu'on appelle une gosse vicieuse. Dès ma plus tendre enfance, ça me démangeait du bon côté. J'allais regarder les garçons quand ils faisaient leur petit besoin. Je me souviens de mes premiers attouchements avec Raymond, le fils du facteur. Il devait avoir deux ou trois ans de plus que moi. L'objet de ma curiosité était déjà bien ferme. J'en fus un peu surprise. J'ignorais jusqu'alors que cette chose puisse ainsi se métamorphoser. Nous étions dans une meule de foin. Il faisait très chaud. Pourquoi nous sommes-

nous couchés dans le foin ? Étions-nous fatigués ? Était-ce un jeu ? Voulions-nous faire comme dans la chanson ? Je ne me souviens plus très bien !... Ce Raymond était un gros garçon, fort, rougeaud de visage. Il se déboutonna devant moi sans plus de façon.

— Regarde donc, dit-il... Ne tourne donc pas la tête, grosse bêtasse !... C'est beau, ça ! Y'en a pas un seul dans toute l'école qui peut se vanter d'en avoir autant.

Il riait. Il me prit la main pour que je touche. Je ne résistais pas trop, mais je rougissais... J'étais excessivement troublée. Peut-être sentais-je confusément ce que ce premier et naïf mouvement vers le mâle contenait de présages. Aujourd'hui encore, ce n'est pas sans une certaine émotion que je me remémore cet instant... cette première rencontre ! Raymond fouilla ensuite sous ma jupe. Je me laissais faire, sans doute en gloussant un peu... en résistant pour la forme. Les choses en restèrent là. Par la suite, j'eus honte et je fuyais Raymond. Je ne voulais plus aller seule avec lui dans le foin.

J'ai oublié de vous dire que mes parents avaient une petite ferme dans la Mayenne. J'étais destinée à devenir une paysanne, à épouser un rustaud quelconque et à traîner derrière mes jupes une kyrielle de gosses. C'eût été le droit chemin... l'Honneur... les saines joies de la famille et de la conscience tranquille ! Eh bien, je ne regrette rien ! J'ai préféré la débauche... le vice... le plaisir sans frein ! Ce n'est peut-être pas très édifiant, mais au moins j'ai quelque chose à raconter. Je connais la vie... la société. Je connais surtout l'Homme !... les hommes !... Ceux de mon village étaient trop frustes pour emplir l'existence d'une femme telle que moi, qui s'est sentie dès son plus jeune âge faite pour l'amour.

Mon père était un rude gaillard. Une sorte d'athlète au torse puissant, aux bras noueux. J'ai vite compris qu'il trompait maman à qui mieux mieux. La pauvre femme était, dès l'âge de trente ans, flétrie, usée par les durs travaux de la terre et du ménage. Je suis fille unique parce qu'elle n'a pas pu avoir d'autre enfant. Un accident après ses couches... Passons... Ceci n'a que très peu d'importance... Donc, ma mère travaillait sans relâche depuis l'aurore jusqu'à la nuit. Je ne l'ai jamais vue maquillée. Le dimanche, elle mettait une espèce de tailleur noir, un grand chapeau de paille jaune en toutes saisons, des bas de coton gris et une paire de chaussures foncées à talons plats pour aller à la messe. C'était une bonne mère de famille ! C'est sans doute elle qui m'a dégoûtée du métier. Pourtant elle était très douce et très bonne avec moi, et je préférais papa qui, lui, ne se privait pas de m'envoyer de temps à autre une bonne paire de taloches. Inconsciemment, j'aimais déjà cette brutalité de l'homme (enfin ! de l'homme digne de ce nom).

J'avais sans doute douze ans tout au plus, quand je surpris mon père dans la paille avec la Marie Chapuis. Ma mère était partie depuis la veille à Alençon, au chevet d'une de ses sœurs agonisante. La Marie Chapuis était une grande fille assez forte, avec une épaisse chevelure rousse. Elle besognait autant qu'un homme lorsqu'on battait le grain. Elle buvait sec et riait à gorge déployée lorsqu'à table un homme en racontait « une bien bonne ». Une force de la nature. Elle avait une poitrine déjà trop forte pour ses vingt-cinq ans.

Des cuisses, des jambes un peu épaisses... C'était le genre jument, mais avec ce je ne sais quoi qui attire le regard et le désir de tous les hommes. Son mari, le Bernard Chapuis, avait près de vingt ans de plus qu'elle. Il devait bien se douter que sa femme lui faisait porter des cornes, seulement ce n'était pas l'homme à faire des histoires pour si peu. Il devait se dire, au fond, qu'il avait tout de même la meilleure part... la fille la plus gaillarde du canton, chaque soir dans son lit. Peut-être lui racontait-elle ses fredaines ? C'est plus courant qu'on ne le pense ce genre de confidences. Certains hommes ont besoin de ce stimulant, surtout quand ils prennent de l'âge. Enfin, pour le Bernard Chapuis, ce n'est qu'une supposition. Il était peut-être tout simplement très naïf, trop confiant !...

Ce jour-là, l'institutrice étant absente, on nous avait renvoyés chez nous. Mes camarades m'avaient proposé d'aller jouer avec elles dans la campagne. J'avais refusé pour je ne sais quelle raison et m'étais dirigée sagement vers la maison. La porte était grande ouverte, mais il n'y avait personne dans la salle qui nous servait à la fois de cuisine et de salon. D'habitude, à cette heure-là, papa fumait en dégustant son verre de calvados. Il faisait une espèce de sieste, les pieds posés sur une chaise. Il ne travaillait jamais avant 2 heures. Je me mis donc à le chercher dans la maison, puis dans les écuries, les bâtiments attenants pour lui annoncer la raison de mon retour. En approchant de la grange, j'entendis un éclat de rire, suivi d'une sorte de gloussement très féminin. Tout de suite je compris. J'avais parfois surpris des regards, des clins d'œil, des sourires, entre mon père et les femmes du voisinage. J'arrivais donc au bon moment. Je n'étais pas la petite fille qui allait se sauver en rougissant et qui raconterait tout le soir à sa maman. J'eus au contraire une envie irrésistible de regarder. Je tendis l'oreille. Quelques chuchotements... J'eus peur d'avoir été entendue ; j'avais dû faire du bruit en marchant sur le gravier de la cour ! Je restais un instant comme un chien en arrêt. La respiration coupée, l'oreille tendue, prête à m'enfuir au moindre signe. Les chuchotements entrecoupés de gloussements continuaient. Je m'enhardissais et m'approchais sur la pointe des pieds du seuil de la grange. Je fus bientôt contre le mur et n'eus qu'à avancer lentement, précautionneusement, pour pouvoir regarder l'intérieur du bâtiment. D'abord, je ne vis rien. J'entendais toujours le chuchotement et je compris qu'il venait de la gauche, d'un renfoncement qui se trouvait éclairé par une petite fenêtre sans vitre. Je pouvais donc, sans être vue, m'approcher de cet endroit « chuchotant ». Telle une souris, je me glissais et, protégée par les bottes de paille, je pus arriver à moins de deux mètres du spectacle qui m'intriguait tant. Mon édification fut totale car, par bonheur, la petite lucarne éclairait la scène d'un jour cru. Je reconnus immédiatement Marie Chapuis. Mon père était en train de fouiller dans son corsage et elle protestait assez mollement. Pour la faire taire, il cherchait à l'embrasser sur la bouche. Il y parvint aisément et je vis alors les bras de Marie qui passèrent autour de son cou. Papa continuait à s'occuper du corsage. Il le dégrafa totalement et les deux fruits plantureux de la Marie apparurent. Je n'eus pas le loisir de les contempler longtemps. Mon père les pétrissait avec sa grosse main et bientôt il se cou-

cha sur sa partenaire. Celle-ci n'offrait même plus ce semblant de résistance qu'il est, paraît-il, d'usage de faire dans ces cas-là. Un de mes amants d'une nuit, un légionnaire, appelait cela « le baroud d'honneur » ... « le Diên Biên Phu en dentelles ».

Marie Chapuis était une de ces natures qui ne peuvent pas se contenir longtemps. Elles sont des amoureuses extraordinaires mais elles ne réussissent pas dans la vie. Elle écarta ses cuisses. Mon père lui défit ses jarretières ; ses bas de laine se détendirent. Il les roula ; elle se laissait toujours faire. Il glissa ses mains sous la jupe de Marie. Je compris qu'il s'efforçait de lui enlever son pantalon. C'était un de ces slips de campagne en coton blanc qui serrait fortement le ventre et l'entrejambe. Ce n'était pas une petite histoire que de l'enlever. Il glissa sa main par-dessous et elle pénétra entre les cuisses de Marie qui semblait offrir maintenant une espèce de résistance. Il arriva à lui soulever le bassin et ainsi il fit glisser le pantalon qu'il jeta dans la paille.

— Oh ! Émile ! murmura-t-elle.

— Ça fait longtemps que j'attendais ce moment, haleta mon père.

— Et ta femme, si elle te voyait ? minauda Marie.

— Tu sais bien qu'elle n'en saura rien, sacrée salope !

Je ne pus savoir si Marie Chapuis apprécia cet adjectif qui lui allait si bien, car mon père lui cloua la bouche d'un vigoureux baiser. J'étais tellement bouleversée que j'en aurais crié. Je le vis se baisser, lui entrouvrir les jambes et enfouir son visage dans la toison de poils roux. Il demeura ainsi assez longtemps (tout du moins ces minutes me parurent interminables). J'entendais le souffle puissant de la Marie qui ahanait de plaisir. Mon père se redressa brusquement, il reprit sa respiration, parut contempler sa partenaire un instant. Il lui baisa les seins et le ventre. Elle se remit à glousser. Chaque fois que mon père faisait un mouvement, elle écartait un peu les cuisses en un geste instinctif.

Je la vis ensuite fourrager dans le pantalon de velours de papa. Elle en sortit un objet semblable à celui de mon petit camarade Raymond, mais qui me parut infiniment plus gros. Je crus voir sa main trembler et c'est elle-même qui dirigea les opérations. En quelques secondes, mon père, vautré sur elle, se mit à aller et venir avec fougue.

Marie Chapuis poussait des gémissements qui me paraissaient inhumains mais que je fus à même, par la suite, de considérer comme tout à fait naturels. Elle fut rapidement au summum du plaisir. Je m'en rendis compte à la façon dont elle étreignait mon père et aux cris qui s'échappaient de sa gorge. J'eus soudain peur et je m'enfuis aussi vite que je pus et aussi silencieusement qu'à l'aller.

Le soir, lorsque toute la famille fut rassemblée autour de la table pour le dîner, j'étais gênée au plus haut point. Je n'osais regarder mon père. Je me sentais coupable. Pourtant, il paraissait très gai, tout à fait à son aise. A un tel point que maman le trouva inconvenant.

— Je sais que tu n'aimes pas beaucoup ta belle-sœur, Émile, mais tu pourrais tout de même t'abstenir de le montrer comme ça !

— C'est pas à Gertrude que je pense, répliqua

mon père. Je riais tout seul en pensant à une plaisanterie de l'Arthur Guermeur, le gendarme qui vient d'être nommé à la commune. C'est un drôle, celui-là !

— Il a bien fait de se faire gendarme ! Il a pas l'air bien doué pour l'ouvrage. Encore un bon à rien !

Ma mère avait la mystique du travail. Elle en est même morte.

La scène dont j'avais été témoin entre mon père et la Marie Chapuis fut sans doute décisive pour mon évolution. Dès lors, je fus ce qu'on a coutume d'appeler « une enfant vicieuse ». Je me mis à guetter les animaux qui coïtaient et, bientôt, une camarade de classe plus âgée que moi m'initia à un plaisir qui, pour n'en être que solitaire, n'en est pas moins succulent. Léonie Bousquet, à qui j'avais confié mes petits secrets, m'entraîna dans un bois et là, sur la mousse, sans plus de façon, elle se troussa devant moi, baissa sa culotte et cherchant à travers ses poils l'endroit décisif, se mit à le harceler fébrilement en me commandant :

— Fais comme moi, Marguerite !... Fais comme moi !... N'aie pas peur !

Comme je ne lui obéissais pas sur-le-champ, elle se précipita sur moi et je dus finalement lui céder. Elle avait le doigt déjà bien expert et très vite je ressentis un plaisir intense.

— Arrête, arrête, Léonie !... C'est dégoûtant ce que tu fais là !...

Ce disant, je n'en écartais pas moins les cuisses le plus que je pouvais et je crois que si Léonie avait voulu s'arrêter, je lui aurais retenu la main. Il y a toujours une marge énorme entre les propos et les désirs.

Je n'ai plus un souvenir exact de la puissance de cette première volupté, mais elle reste à ma mémoire comme la première perle de ce collier de voluptés interdites.

Je n'étais pas encore remise de mon émotion que Léonie entraîna ma main pour que je lui rende sa politesse. Il y a des choses que l'on n'a pas besoin d'apprendre. Je dus tout de suite saisir le rythme de l'action car mon amie fut bientôt au comble de la joie. Elle m'enlaça brusquement et m'embrassa sur la bouche. Ce premier baiser me dégoûta un peu. Cette langue, qui s'immisçait entre mes dents, ne me parut pas très agréable. Ce ne fut que beaucoup plus tard que je pris du plaisir au contact des lèvres. Il en est de même pour tous les goûts ; peu d'enfants aiment les huîtres, les tripes à la mode de Caen, les crustacés ou les escargots, qui sont pourtant à la gourmandise ce que les baisers sont à la luxure.

Il me semble que la nuit suivante, je dus exercer mon doigt à cette gymnastique intime qui devait me permettre de patienter jusqu'à l'âge des plaisirs plus sérieux.

J'étais, à quinze ans, une superbe fille, aux yeux prometteurs. De longs cheveux d'un blond cendré glissaient en ondulant sur mes épaules. Les travaux de la terre ne seyaient guère à mon genre de beauté. Confusément je sentais que j'étais faite pour le luxe et le plaisir et non pour cuisiner, biner la terre, donner aux cochons, apailler la basse-cour, charrier le fumier, et faire des enfants comme une mère lapine. Pourtant, tout me poussait vers ce destin. Mon père me montrait aux gens en disant :

— C'est une rude fille, ma Marguerite ! Avec elle, la ferme ira loin !

Il ne se doutait pas, le pauvre homme, que mes

tendances secrètes, favorisées par les événements, allaient me conduire vers une autre vie.

J'avais quitté l'école après le certificat. J'aurais peut-être fait d'excellentes études si mon père m'avait dirigée vers le lycée. J'étais assez douée, surtout en littérature. (Vous devez, chers lecteurs, vous en apercevoir.) Sans aucune espèce de vanité, il me semble que j'étais la plus belle des filles de mon âge à Méricourt-le-Petit. Je voyais toujours Léonie Bousquet et lorsque nous en avions le temps, nous nous égarions dans un petit bois, ou derrière quelques meules de blé, pour nous livrer à des jeux dépourvus d'innocence. Il nous arrivait d'être à ce point fatiguées après nos rencontres que certaines gens du village nous faisaient des réflexions à haute voix.

Les hommes commençaient à me regarder avec leurs yeux de mâle. Ma poitrine qui perçait sous mon corsage était loin de les laisser indifférents. Raymond Guermeur, le fils du gendarme dont il est question plus haut, cherchait toutes les occasions pour me lutiner. Il s'efforçait de me coincer entre les portes pour me pincer, me saisir la taille, me caresser les seins et même glisser sa main sous mes jupes. Avec un autre que lui, je me serais peut-être volontiers laissé faire. Très fruste, ce garçon ne voulait pas se donner la moindre peine pour me conquérir. En plus de cela, il ne me plaisait pas du tout. Incapable de comprendre ce qui pouvait se passer en moi, il me disait :

— Viens me retrouver ce soir, Marguerite. Après la soupe je serais derrière la serre au curé. Fais pas ta mijorée ! Tu te rappelles donc plus de ce qu'on a fait l'autre fois ensemble ?...

— Tu te fais des idées, Raymond, on n'a rien fait...

Il ricanait :

— Justement, cette fois-ci on fera quelque chose...

— Ça m'intéresse pas, tes « quelque chose »... On n'en tire que des ennuis ! Je tiens pas à être engrossée comme v'là la Alphonsine Boulay !

Je faisais allusion à une pauvre fille qui avait été violée par quatre garnements du village voisin.

— Mais moi je connais des trucs de la ville pour pas qu'on ait d'embêtements, me répondit Raymond.

Et ce disant, il me montra une petite boîte d'allure pharmaceutique. J'étais intriguée. Pour en savoir davantage, je fis semblant d'accepter son rendez-vous.

— Montre-moi ce qu'il y a dans cette boîte et peut-être que j'irais te retrouver.

Un large sourire épanouit son visage.

— Oui, mais pour que je te fasse bien voir ce que c'est, faut qu'on aille dans la grange. Ici tout le monde peut nous regarder.

J'avais un peu d'appréhension en le suivant jusque dans ce coin où, précisément, mon père avait lutiné la Marie Chapuis. Je finis par me dire « bah ! on verra bien ».

Dès que nous fûmes à l'abri des regards indiscrets, le Raymond Guermeur se déboutonna sans plus de façon et exhiba ce qu'il m'avait montré quelque temps auparavant. Je cachais mon trouble en lui disant :

— Si c'est pour me montrer encore ça que tu m'as amenée là, fallait le dire plus tôt, je ne me serais pas dérangée.

— Attends donc ! fit-il. Tu vas voir !... justement, ce que j'ai dans la boîte, c'est fait pour le recouvrir...

Je ne voulus pas en savoir davantage ; un reste de pudeur me donna la force de m'enfuir et ce ne fut que quelques années plus tard que je fis connaissance avec le contenu de la fameuse boîte de Raymond.

Le reste a été perdu... un autre livre est écrit toujours signé Lucky Desbonnières, *les Grandes Ardeurs* et il est publié par une certaine « Compagnie parisienne d'Éditions ».

Huit jours après la parution, le livre est saisi, et le 10 mai 1960, la 11e chambre correctionnelle condamne Alphonse à deux mois d'emprisonnement supplémentaires et mille nouveaux francs d'amende pour outrage aux bonnes mœurs, considérant :

Qu'en effet, si l'auteur de ce livre n'est pas dénué d'un certain talent littéraire, il s'est efforcé avant tout d'y accumuler une succession presque ininterrompue de scènes lubriques auxquelles il a donné le minimum de liaison nécessaire pour décrire de façon cohérente la vie d'un homme dominé par la sexualité, depuis son initiation par une gouvernante jusqu'à son mariage et à ses différentes aventures galantes en émaillant en outre son récit de scènes lesbiennes ;

Considérant que l'on ne saurait attribuer à un tel livre le caractère d'une étude de mœurs ni excuser l'audace de scènes qui y sont décrites, qui constituent par leur répétition et leur fréquence une accumulation de tableaux érotiques destinés visiblement à exciter les instincts sexuels du lecteur ;

Considérant qu'un tel livre ne peut être apprécié que par des dépravés ou par des individus recherchant l'excitation sexuelle et qu'à ce titre il est de nature à choquer la pudeur d'un lecteur normalement équilibré ;

Considérant que l'auteur comme l'éditeur ont agi dans un

but de lucre facile en exploitant les sentiments immoraux d'une certaine clientèle pour en tirer profit indu ;

Condamne, etc.

« C'est ma première critique littéraire », ajoute Alphonse en rigolant.

25

C'est à ce moment-là qu'Alphonse a véritablement commencé à écrire. Elle s'est déclenchée, la petite musique intérieure, la toute naissante allégresse qui fait courir la main sur le papier... Et ça s'agence pas mal, et ça se met à ressembler à quelque chose, on se dit, c'est moi qui ai écrit ça... on regarde ses compagnons de cellule sans les voir, on se replonge dans cet autre univers, en train de se créer sur un cahier d'écolier.

Les compagnons de cellule, comme toujours, ça va, ça vient, il y a des bons, il y a des mauvais, comme l'infâme Saindoux, que l'on verra beaucoup dans *la Cerise,* un gros porc collaborationniste escroc ; les bons, comme le copain Yann, qui lui fabrique d'ingénieuses lampes à base de boîtes de conserve, huile et mèche. C'est ainsi qu'Alphonse continue, en véritable stakhanoviste de la culture, à lire, sans arrêt, nuit et jour. Ça et l'écriture, et les boulots obligatoires, comme d'enfiler des étiquettes, et le froid, et la nourriture insuffisante font que son état de santé se détériore à nouveau.

Il n'y prend pas garde au début. Il est tout entier à sa tâche : il a entrepris de raconter ses souvenirs d'enfance et de guerre. Il a choisi un titre : *les Vacances de la vie.* La guerre, la Résistance, le maquis, la Libération, grandes vacances... C'est une idée, je crois, qu'il a trouvée chez Malraux ; plus tard, il abandonnera le titre parce que trop proche de celui d'un livre de Queneau, *le Dimanche de la vie.*

Mais c'est dur... il tousse de plus en plus, il est inquiet. Gisèle qui court du matin au soir avec ses deux enfants... ses enfants... seuls... cela l'obsède. Dans une lettre transmise clandestinement, et interceptée par l'Administration (ce qui lui vaudra ses premiers jours de cachot) ou dans les rapports des assistantes sociales, conservées dans son dossier pénitentiaire, on le voit sans arrêt s'inquiéter énormément pour ses enfants. Plus tard, dans une interview, il insiste là-dessus :

« Moi, mon problème, c'est celui que dénoncent tous ceux qui s'occupent d'enfance délinquante : la carence paternelle. Je n'ai pas eu une enfance malheureuse, je vous l'ai dit. Je bouffais à ma faim, sans être riche. J'avais des pompes, je me débrouillais. Mais je n'avais aucune pogne pour me tenir. Chez mes condisciples de taule, j'ai toujours retrouvé la même chose. »

Les soucis, la maladie qui revient, le rendent de plus en plus irritable. Déjà qu'il n'a pas très bon caractère, le voici franchement désagréable :

Oh, il me les brise ! Je suis en lecture encore sérieuse, Valéry, cette fois, Monsieur Teste, *je vais les mettre d'accord, je peux plus supporter ces cris, tout ce déconnage. Je le cueille à froid au plein du bide, le redresse aussi sec d'une droite au menton. Je cogne, redouble dans ce tas de graisse infecte. Ptof ! Flac ! l'accule dans les chiottes. Il s'affale sur la lunette, pas encore revenu de sa surprise. Il n'offre aucune résistance, le gros porc. Il anhèle, accuse les coups en gémissant. Je vais l'achever, ça fait trop longtemps que je me contiens*[1].

1. *La Cerise.*

Alphonse se retrouve au cachot, le fameux mitard, la prison de la prison. Quinze jours de quartier disciplinaire, avec l'ampoule électrique qui brûle jour et nuit, le robinet qui coule à heures fixes, le bat-flanc bien dur, le ciment bien froid... Avec, la nuit, juste la chemise dans ce frigidaire... de quoi achever le tubard moyen, et c'est le cas d'Alphonse.

C'est un grand malade, incroyablement maigre, qui se présente avec son paquetage, en cette fin d'hiver 1959, au Centre national d'Orientation, à Fresnes. C'est à l'entrée de la prison, des bâtiments propres, bien tenus, modernisés, une sorte de vitrine de l'administration pénitentiaire, qui s'est appelé un temps Centre d'orientation nationale, mais les initiales furent jugées inquiétantes, et on s'en tint à CNO.

— *Ne vous êtes-vous jamais demandé s'il n'y a pas un rapport étroit, un lien entre votre maladie, votre déchéance physique, et ce qu'il faut bien appeler votre déchéance morale, sociale ? Certains psychologues, n'est-ce pas, pensent que...*

J'écoute... je suis las... tête lourde. J'écoute... Processus... j'entends. Oui, étudions. Ma fiche... mes notes... le résultat des tests[1].

Les tests en question donnent deux indications. Du point de vue professionnel, pas de doute : il s'agit là, dit le rapport, d'un agriculteur. Mais aussi : « Intelligent, à l'avenir difficile à appréhender. »

Il s'agit surtout d'un très grand malade. Le rapport suggère un transfert au sanatorium pénitentiaire de Liancourt. C'est urgent :

---

1. La Cerise.

La dernière semaine au CNO, je suis resté au lit. Le trac de crever quand j'ai vu du sang dans mes crachats. Ça c'est tassé... piquouse... ampoules. La sœur est venue... le toubib... radios... « A Liancourt on vous soignera bien. Ils ont un bloc opératoire, là-bas. »

26

Alphonse arrive donc au sanatorium pénitentiaire de Liancourt, dans l'Oise, au printemps 1960.

C'est le haut lieu de la carte de France malfrate, entouré, faut voir, de barbelés... des chevaux de frise... des rangées tout à fait sérieuses et puis, pour nous dissuader de nous faire la malle, des miradors tous les deux cents mètres avec un garde armé d'un flingue à répétition ! D'aspect extérieur donc tout à fait le style architectural Dachau-Buchenwald très en vogue au XXe siècle.

C'est ainsi qu'il nous raconte Liancourt. Dans une nouvelle des *Enfants de chœur*, un petit chef-d'œuvre :

Je fais comme les autres, le dimanche je vais à la messe. Ça me change un peu de la vie recluse dans les dortoirs et puis je rencontre quelques potes des autres bâtiments... On s'assoit sur les banquettes, un peu comme on veut, ça permet de se regrouper par affinité... voleurs, maquereaux, pointeurs... les Corses de Pigalle, les Stéphanois, les Ritals... Les pédoques s'arrangent toujours pour se glisser dans le fond de la chapelle... comme les matons, une fois qu'on est bouclés là-dedans, s'en foutent, relâchent leur surveillance... ça se fait parfois des gâteries, des branlettes et même des turlutes pendant le Kyrie eleison... *La Grande Laura ne sort que le dimanche de sa cellule d'isolement. C'est une toute folle, la Grande Laura, elle a tué un homme par amour... Dès qu'on lui laisse la bride sur le cul, elle en profite, elle en use et en abuse... baisserait son froc devant le Saint-Sacrement sans vergogne si elle pouvait.*

— Dieu s'en fout que je me fasse enculer. C'est pas ça qui le fait souffrir sur la Croix !

Les enfants de chœur en question, ce sont les malfaiteurs tuberculeux qui chantent dans une chorale extraordinaire. Une galerie de portraits comme on n'en a jamais vus :

Ils sont tous là dans le chœur alignés sur un banc de côté. Ils vont se lever, le prêche expédié, pour attaquer le Credo. C'est Confiture-Confiteor qui drive ces petits chanteurs à la gueule en biais, lui c'est un habitué des lieux saints et des sacristies... un frère des écoles chrétiennes à tête de lune blafarde qui s'enduisait la bébête de confiture pour mieux inciter ses petits élèves à la sucer. Cette coquine plaisanterie érotique lui valait de tirer cinq pigettes au trou...

Son voisin sur le banc, dans notre petite communauté il ne passe pas inaperçu... c'est un nègre du plus beau noir. On ne doit pas trouver plus foncé parmi toutes les ethnies africaines. Son vrai blase c'est Biac Boulou, mais on l'appelle, nous, le Sénateur tout simplement parce que son vrai sénateur il se l'est tortoré avec sa tribu dans la forêt congolaise. Une histoire somme toute folklorique d'anthropophagisme que les lois françaises — nous étions à l'ère colonialiste — réprimaient sans nuances. Pour être élu, le sénateur avait promis un bœuf à la tribu de Biac Boulou. Une fois en place, il avait fait ce que font

tous les hommes politiques, le bœuf ils se le gardent, surtout s'il est bien gras ! Seulement Biac Boulou, pas si nave que les électeurs de métropole... le sénateur il te l'avait coincaresse dans un traquenard... et rôti vite fait à la broche... une sorte de méchoui pour remplacer le bœuf ! Ça partait d'un esprit somme toute cartésien. En plus du régal à se lécher les doigts et babines, quand on se bâfre un sénateur (ou un ministre), on hérite de toutes ses vertus... tout bénef dans le cannibalisme. C'était donc assez logique de surnommer Biac Boulou le Sénateur... il l'était devenu en quelque sorte. A vingt ans de réclusion, on l'avait condamné, à Brazzaville. On nageait là en pleine absurdité... une fable surréaliste... le Code Napoléon appliqué sur des êtres vivant à l'âge de pierre !... Pas tout à fait cependant, Biac Boulou était chrétien depuis son enfance... il savait son catéchisme et les missionnaires lui ont appris à chanter à lui aussi en latin.
« Et unam, sanctam, catholicam et apostolicam
« Ecclesiam. »

Il y a aussi Lessiveuse... il doit son surnom à la lessiveuse dans laquelle il a fait bouillir son beau-père, découpé en morceaux... Écrevisse, lui, comme son sobriquet l'indique, s'est servi des morceaux de sa femme comme appât, dans la rivière... Liancourt, c'est vraiment un tableau de Jérôme Bosch, un film de Buñuel... Tous pires les uns que les autres... Bonassieux, qui violait ses fillettes. Bébé l'Ange, le record, sans doute :

Il vient aussi de recevoir le Bon Dieu. Sans problème, on le lui donne sans confession... pourtant ce beau môme à la chevelure blonde bouclée, la bouche en cœur, les yeux pervenche, un vrai petit pastel XVIIIᵉ, a tué père et mère. Et ce n'est pas une clause de style... exactement le pourquoi il est ici. A coups de couteau pendant leur sommeil, papa, maman, l'un après l'autre. Un enfant gâté, d'après tous les témoignages... Jusque-là jamais à s'en plaindre... il faisait de bonnes études surtout en littérature... un jeune homme quasi modèle, et d'une telle beauté que toute la famille, tous les amis... les dames surtout, se faisaient un plaisir de l'inviter... en vacances, en week-end... dans les petites sauteries bourgeoises. J'oubliais de vous dire... son milieu... excellent. Le père dans l'industrie... la mère issue d'une lignée de gens de robe. Tout lui souriait à Bébé l'Ange... une belle carrière, mariage itou... tous les succès... la vie en forme de gondole vénitienne, de Caravelle... cousu d'or... la haute administration dans son carnet d'adresses, les raouts mondains... et puis voilà... la chute, le crime inexpiable! Fort heureux, il n'avait que dix-huit ans au moment des faits, ça lui a valu l'indulgence de la Cour... les circonstances atténuantes qui l'ont sauvé du gadin... la dernière sortie vers la guillotine. Frôlé de très près cette étrange récompense suprême selon Pierre François Lacenaire.

« Eh oui, ajoute Alphonse, c'était pas un sanatorium ordinaire de la Sécurité sociale. »

Dans cet environnement, allongé les trois quarts du temps, Alphonse continue à écrire.

Rien, ni les pneumothorax ni les médications de cheval, rien ne peut l'empêcher d'écrire. On dirait qu'il se raccroche à son cachier, à son crayon, désespérément. Comme à la dernière bouée qui va lui éviter de couler définitivement. Il y a là quelque chose de pathétique — l'acharnement dans l'écriture, dans le pire endroit, au pire moment :

« Pour être tranquille, j'allais écrire à califourchon sur un banc, près des chiottes à l'extérieur de la salle commune... »

Il termine — du moins provisoirement — *les Vacances de la vie* et poursuit *la Métamorphose des cloportes* et *la Cerise.*

Il a retrouvé — un miracle, quand on connaît le sympathique désordre qui règne dans ses affaires — des feuillets de ce manuscrit de *la Cerise,* écrit en ce temps-là, feuilles qu'il avait mises de côté il ne sait plus aujourd'hui pour quelle raison.

Ce qui est intéressant, en dehors du fait qu'il s'agit d'un extrait inédit, c'est que le style de l'époque est encore très « brut de fonderie » — d'une violence explicable : Alphonse est complètement « dedans ». Au milieu de la violence. Plus tard, il se raffinera, se « professionnalisera », se servira de l'écriture elle-même.

Voici donc un chapitre de *la Cerise,* jamais publié :

> *Le quatrième de la 3e division était à cette époque l'endroit le plus peinard de la taule. C'est théoriquement le secteur dangereux, le quartier de « Haute Surveillance » où l'on doit laisser la nuit ses fringues sur le palier. Tous nos voisins étaient du gros gibier en instance d'assises : criminels et aigrefins de catégorie supérieure... l'élite de la pègre ! La racaille pique-clops se trouvait au-dessous dans les étages inférieurs. Ça se devinait rien que de les entendre gueuler aux fenêtres, se menacer les uns les autres de se trucider, de s'enculer, « de te crever, parole d'homme, un œil ». Au quatrième ça remuait, braillait beaucoup moins. La nette différence de classe. D'ailleurs le petit fonctionnaire porte-clefs ne s'y trompe pas ; pour assurer son minimum vital et son droit à la retraite, il préfère de loin travailler en « Haute Surveillance ». Il y coule des heures paisibles à bavarder à droite et à gauche avec les célébrités du fait*

divers. Moins accablant que de poinçonner les tickessons aux Lilas ou de remuer la glaise de sa Beauce natale. Se mettre à sa place pour le comprendre. Un métier de cons bien entendu, mais est-ce le plus con des métiers de cons ? Ne répondez pas trop vite, ça se discute. Agent de l'administration pénitentiaire ça en jette plus sur la carte d'identité qu'ouvrier agricole. Pour peu qu'il soit vénal et pas trop trouillard, il y a même quelques petites défenses dans ce triste boulot. Marcher au parachutage ça s'appelle.

Je ne vous révèle pas un grand secret, depuis qu'il y a des prisons en ce bas monde, on sait que les gardiens peuvent s'acheter. Sans parler des complicités d'évasion qui sont extrêmement rares, il y a le reste... les lettres à sortir sans passer par la censure, la bouteille de pastaga à rentrer, les petites commissions dans Paris après les heures de service. Tout cela se paye et très cher, on se doute. Saindoux, pendant son dernier séjour en 1955, avait traficoté dur avec tous les matons parachuteurs. Dans ce temps-là, il était grossium, même au trou ses affaires continuaient à tourner. Aujourd'hui c'était la débâcle, je vous ai fait le croquis, mais les gaffes qui lui avaient rendu service autrefois contre espèces sonnantes étaient bien obligés de lui faire quelques fleurs... Il les tutoyait sans vergogne, leur lançait de ces clins d'œil qui voulaient tout dire ! Il se faisait délourder souvent l'après-midi pour aller taper les brèmes avec Cohn. Ils faisaient équipe au bridge, pour jouer contre deux tueurs corses dans la cellule du téléphoniste de l'étage. En cas de dèche, inspection du bricard ou surveillant-chef, ils étaient avertis par le maton lui-même. Avant que l'intrus arrive au quatrième, tout était rentré dans l'ordre, les cartes planquées, chacun dans sa cellote. Pendant ce temps, j'étais enfin seul, je pouvais lire, me reposer, gamberger en paix à ma prochaine comparution devant M. Elbron... ce que j'allais lui répondre, la façon dont je pourrais donner à mon passé crapuleux la blancheur Persil ? Une drôle de lessive ! Je craignais toujours que les lardus à tête chercheuse de la XXe Territo me ressortent encore de nouvelles histoires anciennes.

Le témoignage de Nicole m'avait sauvé la mise in extremis pour l'affaire de la biscuiterie, mais il y avait le reste... la toile de fond barbouillée noire. Ces mystérieux qu'on recherchait, tous ces gens qui prétendaient m'avoir vu comme par hasard la veille ou l'avant-veille d'un méfait...

Une évasion retentissante nous a occupés quelques jours. Un tunnel partant d'une cellule du rez-de-chaussée jusqu'à la liberté. Trois fiers malfrats dans la nature. On s'est tous réjouis, puis on les a critiqués quand ils furent repris. Un tel travail de patience, des nuits et des nuits à creuser dans les sous-sols avec un matériel de fortune pour un aussi piètre résultat !... à vous dégoûter de toutes les tentatives de cavales ! Ils auraient dû ci, ils auraient dû ça... A leur place, on serait en Espagne, à Caracas, à Chicago... Tout un chacun plus malin qu'eux. Même le pyromane ramenait sa fraise molle. La discipline du coup s'est resserrée. Les gaffes à cran, sous pression des brigadiers eux-mêmes abrutis d'engueulades du surveillant-chef, menacé de limogeage. Plus question de vadrouiller sur les coursives, d'aller flamber dans les cellules voisines. « J' veux plus voir que des casquettes »... La consigne formelle de Colline le bricard de choc. Et fouille sur fouille, mitardage pour le moindre bout de ficelle, la moindre lame de sommier aiguisée. Deux trois semaines d'emmerderies féroces... Puis petit à petit, la routine a repris ses droits... jusqu'à la prochaine évasion. Beau déquiller le directeur, son remplaçant s'enfoncera dans le même bourbier. Cette prison surpeuplée... mélanges politiques et droits communs, truands et vagabonds, est vouée fatal à l'anarchie. Le fonctionnaire le plus consciencieux au bout d'un mois se décourage, laisse tout voguer vaille que vaille. Pas la prétention de vous présenter mes Rungis comme prototype pénitentiaire. En France actuellement, la variété infinie de taules, depuis les petites maisons d'arrêt crasseuses et pépères au fond des provinces jusqu'aux centrales de réforme. Là, c'est presque l'Amérique, ailleurs le XIXe siècle. Entre Clairvaux et Melun vous enjambez trois républiques, deux monarchies, un maréchal. M'étendre là-dessus, hors mon propos ! Unité de lieu, si je respecte ! Un seul château ma plume présente. Ici malgré tout, un coup d'œil unique... panorama sans égal. Diversité de toute cette faune, que je n'arrive pas à vous les dessiner tous... Bien des gens des choses je vous laisse flous, imprécis, embrumés dans les lointains. Le reportage sans bavure exigerait que je fusse là pour rien, juste pour voir, détaché absolu de ma petite personne. Sans les Youpe, Rouquemoute, Canaque de mes rêveries... toutes les raisons, les ramifications qui m'ont conduit au noir séjour. L'impossible autant dire. Même l'objectal Froc-Grillé, vous l'emplacarderiez dix-douze mois, il en perdrait le goût de décrire exclusivement les surfaces, les lampes et les tables à longueur de

> *pages. Il se tracasserait de sa sortie, de sa prochaine gauffre, des méchants pointeurs qui voudraient le caser, des effluves excrémentielles qui lui parfumeraient le costard, de la pléthore de voyous qui l'entoureraient. S'il aurait de quoi occuper son genre minutieux-maniaque à déchiffrer les hiéroglyphes-graffiti sur les murs de sa cellule! Distancialisme alors balpeau! Théories blabla, génie du siècle, avant-garde mon gland! Un bien énorme à certains gonzes dix-douze mois de trou*[1].
>
> *Il me semble, mais n'allez pas croire que c'est mon désir le plus cher. Nulle haine au cœur contre Froc-Grillet. Qu'il continue toute quiétude d'englander les bourgeois snobs avec ses embarquements pour clystère. Dans un sens il est beaucoup plus mariole que les pauvres cons qui se disent affranchis, parce qu'ils vont chatouiller les lourdes avec une pince-monseigneur, et qui finissent leurs jours au trou.*

On notera au passage la première attaque sérieuse contre Robbe-Grillet — il y en aura d'autres, Alphonse en truffe ses préfaces, ses introductions, c'est sa tête de Turc.

Dans les autres feuillets retrouvés, il parle d'autres lectures, puis de tout ce qui lui passe par la tête.

> *Je me suis mis aux classiques, par calcul de chasteté. Ils me servaient de bromure, Pascal, Machiavel, Descartes, tous les Grecs et les Latins de la bibliothèque. Depuis les derniers collabos, ils ne sont pas souvent demandés. Le gaffe préposé n'avait pas de mal à me donner satisfaction. Il me*

---

1. Aux futurs magistrats par exemple pour faire leurs classes.

*prenait pour un professeur, un intellectuel qu'avait mal tourné. A la longue il me portait de lui-même tout ce qui lui semblait rebutant... Shakespeare, Retz, Plutarque, Ronsard, Claudel, Cervantès, Racine, Nietzsche et La Bruyère. Parfois, c'était vraiment des rogatons, des rognures XIX*e *siècle, des livres édifiants, que je me demandais qui avait pu les faire rentrer dans la turne... des vies de saints, Mémoires de dames du monde, récits historiques antiprussiens, pamphlets d'obscurs journalistes époque Fallières... les œuvres complètes d'Honoré d'Urfé, de Thomas Corneille, de Maizeroy, d'Alphonse Labitte... Bouquins, qu'il faut absolument être au trou et avoir une boulimie lectivore phénoménale pour se les farcir. Avec ma lampe à huile fabrication maison, j'arrivais à tuer comme ça une bonne partie des heures nocturnes. Mes yeux, qui calaient les premiers, se fatiguaient avant le reste. Je soufflais alors ma calbombe mérovingienne et je me retrouvais seul avec la nuit. Ma nuit peuplée de fantômes amis ou ennemis. Plus souvent ennemis qu'amis, je dois dire. Mais je vous ai déjà tellement parlé des affreux et des pervers que je pourrais peut-être tourner mon disque, vous faire écouter un petit air nostalgique et tendre. Pas tout à fait dans le ton de cette histoire, le temps de* la Cerise *n'a rien de commun avec le temps des cerises. Ce qui gâche les souvenirs de jeunesse, nos vingt ans, fleur bleue, l'escarpolette et le doux caboulot, c'est qu'on se souvient surtout qu'on était jobard, con à bouffer du slogan... victime de tout et de soi-même. Il ne reste en fin de compte de tout cela que beaucoup de mots couvrant des pauvretés qu'on n'ose pas dépouiller, coïts montés poésie, barbouillés* *lyrique, transfigurés grand amour... Rechercher vainement une sorte d'absolu dans le plaisir baptisé bonheur ça peut se concevoir à la rigueur comme passe-temps. La vie sans cela se suffirait-elle à elle-même ? serait-elle acceptable sans tout ce blabla pour se la saouler ? Duraille de répondre. De toute façon on se drogue, je crois, on se ment l'existence. Même en la teintant au noir pessimiste, au rouge sang crime, aux crachats mépris, c'est encore une manière d'échapper à la vérité médiocre, à la fadasserie, l'éternel recommencement inutile, l'écœurante monotonie de l'espèce.*

La prison vous met en présence de la solitude, comme la maladie vous fait entrevoir la mort. On est seul et on crèvera... Tout le reste ne sert qu'à se voiler ces deux vérités premières...

Oh, j'ai tort, je le sens, de m'acharner sur les mots de l'illusionnite. Je voudrais bien en sauver un, rien qu'un, si pauvre soit-il... me le tatouer, m'en faire une petite divinité. Je n'y parviens pas. C'est comme devant un plat de tripes lorsqu'on a une crise de foie. A dégueuler. La cage et l'hôpital m'ont rendu impropre à croire en quoi que ce soit. Au mieux je fais semblant... les grimaces obligatoires... pas trop me rendre insupportable.

Tenez, je pourrais, après tant d'autres, vous envoyer la goualante du beau Paris, ça se fait, ça berce. C'est de la poésie pas cher ! Que je suis là au fond du cloaque à me morfondre de la Ville lumière, l'unique, l'enivrante Paname !... Certes, je me suis régalé de ses pavetons, je peux pas dire... usé quelques paires de lattes sur tous ses trottoirs célèbres. Si j'ai dragué sur le Rochechouart, remonté le Clignancourt, redescendu la Lepic !... peloté à Grenelle, bu le coup à Belleville, remis ça aux Gobelins, fauté à Barbès, arpenté la Foire du Trône, la fête à Neu-neu... guinché à la Bastoche, flingué l'ennemi à Saint-Michel août 1944, rêvassé sur le Pont des Arts, baratiné à La Villette, séduit la belle au Vert-Galant ! et puis enfin cassé, baluchonné à Passy, Auteuil... Wagram ! Iéna ! Austerlitz ! Je vous ferai peut-être un jour le récit de mes campagnes, mes victoires, mes sombres défaites. Ma carte du tendre et du dur de la capitale. Rien que les relais de police, les commissariats, ça pourrait faire un joli guide. Eux d'ailleurs qui m'ont désenchanté de Paris. Eux, et puis la cohue, la sueur, le bruit, le métro, les cheminées d'usine, la mouscaille à la petite semaine...

Il y a deux Paris très distincts... Celui du pognon, de ceux qui peuvent les allonger entre la Concorde et Neuilly dans les bars, les hôtels de luxe... le Paris by night *touristique, bourgeois et accueillant... et l'autre, Paris-ma-banlieue qui se donne des airs de tout becter de la Bastille à la Nation derrière les bedonnants du syndicalisme le 1er mai. Paris gogo, Paris badaud, marlou, canaille, tout ce qu'on veut... blonde décolorée Prisunic ! Paris qui poireaute rue Viala, qui tapine sur le Topol, qui sirote aux zincs des troquets. Paris viandes saoules et gueules en biais, Paris stupide et mutuel des pauvres mecs qui croient toujours au Père Noël, aux Sauveurs Suprêmes, au Libérateur étoilé... à tous les farceurs, les fakirs bonimenteurs. Paris cocu qui se mire aux écrans des cinoches pour s'y voir beau comme un chef-d'œuvre, gros comme une montagne, sublime comme un idéal.*

Faut être abruti par les vingt-cinq mille chan-

sonnettes pour ne pas le voir tel quel... infecte termitière en frénésie mécanique, univers de dingues, jungle en bitume qui cache un monstre derrière chaque devanture de boutique, un vampire à tiroir-caisse qui fait ding-ding quand on le chatouille.

On voit qu'Alphonse, malgré son sens de la dérision, son besoin de faire rire malgré tout, n'échappe pas à la tristesse ambiante. Liancourt, c'est le degré zéro de son existence ; pire que la prison : la prison et la douleur. Tout un calvaire de traitements, d'opérations...

Et il continue, fourmi délirante, à couvrir ses pages de cahier, malgré tout.

Enfin une éclaircie : le maigre réseau de relations amicales ou familiales réussit à entrer en contact avec le ministre de la Justice de l'époque, Edmond Michelet. C'est un saint homme ; il a laissé cette réputation dans l'histoire ; grand résistant, il a été arrêté, il a connu Fresnes. Le passé d'Alphonse, sa maladie, son acharnement à écrire, tout cela finit par l'émouvoir et il signe une ordonnance de libération conditionnelle. Alphonse est libre, libre d'aller d'un sana à l'autre. Il se retrouve donc début 1962 au Grand-Lucé, dans la Sarthe. Et là c'est sa grande chance. Il tombe sur un médecin exceptionnel, le Dr Guillou, qui le prend en charge, le porte à bout de bras vers la guérison.

Il doit subir une dernière opération, très grave, où il laissera la plupart de ses côtes. Il est transféré à l'hôpital Marie-Lannelongue, à Paris.

C'est là qu'il se réveille, en ce jour de l'hiver 1962. Il a mal, il voit trouble, il regarde autour de lui avec peine. C'est la grande salle commune des malades pauvres. Les lits alignés, avec leurs miséreux, toussant, crachant, dans la lumière froide. Et soudain, il distingue au pied de son lit, à côté de l'infirmière, une étrange apparition. Une élégante dame, en manteau de vison, et un homme âgé, tout habillé de noir, serrant un attaché-case.

Non il ne rêve pas.

Sa vie va changer.

II

La Métamorphose des cloportes

1

Ils sont comme un îlot battu par ces flots, on les dirait assiégés par les fantômes d'on ne sait quelle cour des miracles. A mi-voix, les édentés alcooliques s'apostrophent d'un lit à l'autre : « Non, mais t'as vu ce pédé ? » Il s'agit de l'homme en noir. On ne peut évidemment pas porter ce genre de manteau ou de costume foncé, élégant, avec pochette et cravate assorties, sans être pédé. Quant à la belle dame, elle commence à s'épouvanter des vingt regards fous posés sur elle.

Tout avait commencé six mois plus tôt. Gisèle avait fini de taper le manuscrit des *Vacances de la vie* et avait couru Paris à la recherche d'un éditeur. Elle avait fini par rencontrer, grâce à une amie de la radio, Denise Centore, le P-DG de Plon à l'époque, Thierry de Clermont-Tonnerre. Si un livre était peu destiné à ce genre de maison, c'était bien ce recueil de souvenirs d'Alphonse. Plon, l'éditeur du général de Gaulle, de tous les Mémoires et biographies d'hommes importants de la planète, chefs d'État, ministres, ambassadeurs, archevêques... Et d'un petit nombre de romanciers très respectables. Mais la chance est là, au rendez-vous : les deux lecteurs qui reçoivent le livre sont Robert Poulet et Michel Tournier. Tournier, surtout, s'emballe ; il écrit :

Cette langue brutale et cynique traduit admirablement l'appétit de vivre...

Plus tard, à propos de *l'Hôpital,* il décernera peut-être à Alphonse son plus bel éloge :

C'est là le miracle : rien de moins morbide que cette confession où il n'est question que de maladie. Au fond de toute cette boue, toujours l'espoir luit, comme un brin de paille dans l'étable. Et ce n'est pas tout, gens de lettres écoutez bien : ce ressort incassable est de nature « littéraire ». Car si Boudard n'a pas sombré avec la plupart de ses compagnons, c'est par la grâce de la plume et du papier.

Si j'anticipe en citant ces lignes de Tournier écrites bien plus tard, c'est parce que dès le premier jour Alphonse avait trouvé en lui un défenseur ardent — et capital. C'est grâce à Michel Tournier, en définitive, qu'Alphonse Boudard, sortant de son anesthésie, voit ce matin-là ces deux anges sauveurs à son chevet.

C'est Mme de Clermont-Tonnerre qui a tenu à venir elle-même (amitié, ou bonnes œuvres, ou intense curiosité, cette curiosité qu'Alphonse retrouvera souvent à son propos), accompagnée du directeur littéraire de Plon, qui se penche vers le malade et qui explique que, donc, Poulet et Tournier ont lu *les Vacances de la vie* et que Plon, oui, la maison d'édition, veut le publier.

Alphonse les regarde exatement comme s'ils étaient des extraterrestres.

Puis, petit à petit, il reprend ses esprits, réfléchit, et refuse.

Ça, c'est le grand moment de la vie d'Alphonse. Il a relu avant l'opération *les Vacances de la vie,* et il n'est pas content. Il va le refaire, ça donnera, plus tard, *les Combattants du petit bonheur.* Là, maintenant, il a le courage, le nerf, l'aplomb de refuser, même dans ces conditions, la publication d'un livre dont il n'est pas entièrement satisfait. Non seulement il faut un vrai courage, mais une rigueur, une démarche d'écrivain véritable, à l'inverse de l'à-peu-près et du laisser-aller de tant d'autres. Je crois que c'est là, vraiment, dans ce refus du pauvre misérable sur son lit de douleur qu'il est né à la littérature. C'était la grande porte, la seule.

Et bien entendu, cela force l'estime. Le directeur littéraire comprend : Alphonse lui propose autre chose, le manuscrit de *la Métamorphose des cloportes* qu'il vient de terminer — et une grande partie de *la Cerise,* qu'il achèvera au Grand-Lucé, l'année suivante.

Chez Plon, on lit avec fièvre et on rédige aussitôt un contrat — avec mesure. Ne pas confondre : tout ça est prometteur, d'accord, mais, que voulez-vous, un nouvel écrivain, ça doit passer par où sont passés tous les autres, etc.

C'est-à-dire qu'on achète les trois livres : *la Métamorphose, la Cerise, les Vacances,* pour 2000 francs. C'est pas lourd. On dépêche Michel Tournier pour sortir Boudard de l'hôpital et le ramener *manu militari* rue Garancière pour signer le contrat :

« Michel Tournier est arrivé avec sa bagnole. C'était quinze jours après l'opération, j'avais beaucoup de mal à bouger, on aurait dit que je trimbalais des sacs de sable. J'ai signé le contrat, y avait que ça à faire, et c'est comme ça que j'ai fait la connaissance du nouveau directeur littéraire, Georges Roditi.

« Il sortait d'une autre époque, il avait les cheveux à la Rudolph Valentino, il avait soixante-dix piges, il était teint, les sourcils faits, col d'astrakan, il titubait un peu, il allait dans son bureau, il ronflait et de temps en temps il recevait un auteur. Je l'écoutais, je m'en foutais de ce qu'il pouvait dire. Je demandais un chèque. Alors toujours des histoires avec les chèques. Une fois il y a un auteur furieux qui est entré, il voulait pas lui filer du pognon, alors l'insulte suprême, il lui dit allez vous faire enculer. (C'était pas un auteur de l'Académie française.) Roditi lui a répondu : " Écoutez, c'est une éventualité, mais ça ne nous avancerait pas beaucoup. " Il avait une sorte d'esprit comme ça, ce type. Une autre fois, il y avait un cocktail ici, il me dit : " C'est pour un auteur allemand qui fait partie du groupe des jeunes gens en colère. " Il ajoute : " Il n'est plus très jeune ni très en colère, mais enfin nous faisons avec. " »

C'est Roditi, on l'a vu, qui refusera plus tard le titre *Bleubite.* Quant à Thierry de Clermont-Tonnerre, il va censurer *la Cerise.*

Voici le passage supprimé, qualifié de scatologique :

> *Marcel me disait : « Oh ! patiente, t'as pas tout vu... Il va te surprendre encore Canaque. Attends un bon balluchonnage, qu'il ait le temps de donner toute sa mesure. »*
>
> *A partir du moment qu'on s'est spécialisés dans les boutiques d'antiquités, là, j'ai vu. J'ai reniflé surtout. La première fois, il s'était juché sur une jolie petite commode Louis-XV, comme un gros piaf. Dans l'obscurité je ne voyais pas bien où il voulait en venir. Nos paquets étaient prêts... nos valises... plus qu'à tout charger dans la bagnole. Marcel s'impatientait dehors, les vigiles pouvaient se ramener, ç'aurait été idiot de rater l'affaire à deux minutes de la fin.*
>
> *— Mais, qu'est-ce que tu fous ?*
>
> *Un jet de lampe m'a édifié. Quel dégueulasse !*
>
> *— Ça va plus, t'es folingue !*

Il poussait avec conviction. Même ça il le faisait rageusement. Ce souvenir qu'il lui laissait à l'antiquaire !

— T'occupe pas ! Merde ! Fais pas chier !

J'aurais bien voulu. Plus qu'à attendre qu'il se soit bien vidé, torché avec les rideaux. C'était pas le moment de se faire alpaguer. Ce passage à tabac en perspective ! Je comprenais Marcel soudain et, en même temps, je le comprenais plus. Pourquoi continuait-il à travailler avec un fondu pareil ?... Mystère que je n'ai jamais pu éclaircir pour l'excellente raison que moi aussi j'ai persisté sur la même embarcation. Il devait y avoir un pacte supérieur que le diable avait signé pour nous. Ça s'explique pas autrement. J'ai essayé de le raisonner... que c'était pas des façons !... que ça aggravait notre cas !... la perte de temps aussi, bien inutile... que c'était un acharnement ignoble ! Peine perdue ! Verre d'eau pour éteindre un Vésuve !... Il ne daignait même pas se justifier par l'envie pressante, la vengeance ou la trouille !... Il m'écoutait bavacher un mauvais sourire aux lèvres, puis se mettait à parler d'autre chose d'un ton dégagé... de la bombe atomique responsable du mauvais temps.

Marcel grommelait que c'était bien la dernière fois, qu'il ne voulait pas finir ses jours à l'île de Ré pour un folingue pareil ! Et le coup d'après, il était là, à son poste, à faire le serre, l'air d'un passant attardé, d'un amateur de clair de lune. « Il est tout de même efficace », marmonnait-il en guise d'excuses. Moi, je me disais... me dis toujours, qu'il y en a bien d'autres, qui se serrent les miches d'aller caguer sur les beaux tapis d'Orient, dans le tiroir du bureau Empire, dans les porce-

laines de Sèvres, sur les marches du Palais. Seulement, ceux-là préfèrent attendre la chiasserie organisée des grands soirs de révolte populaire en revendicassant au zinc du coin. Ils sont même particulièrement ennemis des initiatives personnelles, ça leur semble une sorte de sacrilège. Comment qu'ils quittent le verre de rouge presque encore plein, pour se lancer, au mépris des balles, à la courette du gangster !

On va croire que j'approuve sans réserve, que je trouve ça sublime, ces étrons chez nos victimes. Je suis mal placé pour les grimaces de petit délicat. J'étais aux premières loges et, l'impromptu, je vous assure, me paraissait long. Je faisais un balluchon supplémentaire pendant ce temps-là... que je soye pas là à rien branler... à rien faire entre l'odeur et le danger. Marcel aussi se faisait vioque dans la rue :

— On devrait le purger, ça irait plus vite. Il doit être constipé le fumier !

Mais enfin... l'essentiel de *la Métamorphose* et de *la Cerise* va passer.

Le succès sera moyen. Le premier tirage de *la Métamorphose* ne dépassera pas 6 000 exemplaires. C'est une déception, compensée par l'achat des droits cinématographiques. Et surtout, le principal est fait : Alphonse est désormais un écrivain. Plus jamais il ne « replongera ».

Il a parfaitement expliqué lui-même ce mécanisme qui l'a sorti définitivement de l'horreur, dans une interview télévisée.

Un texte capital :

« Quand on parle de la réinsertion d'un détenu, on a parlé tout à l'heure de lui donner un certain goût du travail, de donner un nouveau sens à sa vie. Ce qui s'est passé pour moi, et ce qui m'a sorti définitivement de la délinquance où j'étais quand même jusqu'à l'âge de trente-six ans, je n'étais tout de même plus un adolescent, c'est que j'ai vu une possibilité d'abord de m'en sortir d'une façon matérielle. Je me suis dit, si je peux écrire et que je gagne du pognon, je suis sauvé. C'est au fond ce que se dit tout de suite un détenu. Si j'ai du pognon quand je serai dehors, je suis sauvé. D'où la tentation de se dire, on va trouver deux gars qui ont des couilles au cul, et on va aller faire un coup, le dernier, c'est toujours le dernier.

« Mon dernier coup, je me suis dit ça va être un bouquin. Je suis parti, mais ça n'a pas marché comme un coup ; ça a marché tout doucement. Ce qui s'est passé, c'est que j'ai pris du goût à écrire, ce n'est pas l'argent que je gagne en écrivant. J'en gagne vingt ans après. Mais, j'ai trouvé un sens à ma vie en écrivant. La seule façon pour qu'un détenu s'en sorte, c'est qu'il trouve dans son métier essentiellement, quel que soit ce métier, un sens à sa vie. »

2

Quand *la Cerise* reçoit le prix Sainte-Beuve en 1963, Alphonse se retrouve, du jour au lendemain, écrivain connu, fêté, télévisé. Cendrillon ! La télévision, c'est d'abord une émission littéraire que je produis, à l'époque, pour la 2e chaîne naissante, « Lire ». C'est ainsi que je le rencontre en 1965. Le plus frappant, c'est qu'il ne correspond pas, mais alors là pas du tout, à l'idée qu'on peut se faire de son personnage. C'est ce qui avait aussi frappé l'adorable Huguette Bident, la responsable de la promotion de Plon, qui assurait le lancement de *la Cerise.* Quand elle l'avait vu arriver, en costume foncé, les cheveux soigneusement coupés, l'air tellement BCBG, elle avait eu la même réaction que moi : c'est pas possible, c'est un canular, c'est pas lui le malfrat, le cloporte, l'échappé de Fresnes. Il doit y avoir une grosse mystification derrière tout ça, un vrai voyou patibulaire.

Mais non, c'était lui, et bien lui : rien ne l'avait entamé, rien ne l'avait marqué. Malgré la prison, l'hôpital, les souffrances, les malheurs, il avait gardé un visage sans ride, sans marque. Le plus étonnant, c'était aussi que le succès ne l'avait pas atteint non plus : il n'était pas devenu du jour au lendemain puant, m'as-tu-vu, prétentieux, comme beaucoup de ces littérateurs au succès éphémère.

De toute manière, sa vie ne s'était pas tellement transformée : la littérature lui permettait tout juste de vivre — il restait la fameuse casserole : une forte somme à payer, en amendes et en impôts.

On dirait plutôt qu'il s'était installé dans sa nouvelle peau d'écrivain très naturellement, très simplement, comme si de toute éternité il était destiné à le devenir.

Le monde des lettres lui avait fait une consécration unanime :

... Alphonse Boudard, seul écrivain apparu au cours de ces dernières années... (René Fallet).

... Boudard fait figure d'un météorite dans le monde des lettres. En quelques semaines il devient un écrivain considéré... (Gilbert Ganne).

... L'auteur regorge d'un talent acide, agressif et parfois truculent. Un univers obsédant, d'une authenticité sans romantisme... La lucidité sans phrase. La langue enrichie de trouvailles personnelles est pleine du pittoresque et de la poésie du vrai... Un homme authentique sans complaisances ni grimaces... (Roger Rabiniaux).

... L'argot, ça va plus loin que le vocabulaire. C'est une façon de respirer. Celui de Boudard est vrai... (Alexandre Breffort).

... Un chef-d'œuvre d'humour et d'amère sincérité... (Boileau-Narcejac).

... Alphonse Boudard a le ton, si rare, de la désespérance gaie, du burlesque désolé... La truculence et l'argot, le style vorace et bariolé sont comme les masques de la parodie... (François Bott).

... Non seulement Boudard est pro-di-gieu-se-ment soi-même, mais encore cette personnalité puissante et pittoresque en même temps réfléchit avec une netteté, un rendu, une vérité qui font croire à l'Art. C'est peu commun... Justement on ne saurait trop louer l'artisan, l'écrivain, chez A. Boudard, qui use de l'argot et du langage parlé comme d'un orgue aux ressources infinies et à la résonance enchanteresse qui vous emporte... (Michel Chrestien).

...On a rarement lu, en particulier avec *la Cerise,* document plus criant de vérité... La langue, sans cacher ce qu'elle doit à Céline, est d'un pittoresque personnel. La conduite du récit a de la sûreté sous son apparente nonchalance. Boudard, qui est évidemment très supérieur à la truanderie dans laquelle il a évolué, la dépouille de tout romantisme... (François Vinneuil).

...Une odeur flottant sur ce septième cercle de l'enfer que Boudard évoque, décrit, analyse avec tant de lyrique véhémence que nous la sentons encore, le livre refermé. Dans une architecture à la Piranèse, Kafka tend la main à Courteline... Le truand aux camélias, amer et rigolard. Avec Boudard, la langue verte verdoie... vraie langue vivante, elle bourgeonne, les mots remuent, se transforment, on les surprend à l'instant de leur perpétuelle dérobade... Ce langage sans cesse en gésine, en métamorphose, où les mots viennent crever comme les bulles à la surface d'une matière en fusion... Langue de poète, assurément, sans aucun romantisme de la canaille ou du forçat... (Jean-Louis Bory).

On pourrait continuer longtemps... le monde littéraire parisien, réuni, pour une fois unanime, autour du nouveau-né, dans son étable, c'est vraiment le cas, et apportant, rois mages de la culture, tout l'encens disponible...

Tout est possible désormais. Au moment de la parution de *la Cerise, le Canard enchaîné* s'envole :

Si ces dames du prix Fémina veulent un « Homme », Boudard est là !

Alphonse, qui n'a pas perdu son sens de l'humour, saute sur l'occasion. Il écrit cette lettre délirante aux jurés du Fémina :

Madame,

Peut-être ne le saviez-vous pas, mais « il vient de se passer quelque chose de neuf dans le monde agonisant du roman ». C'est en tout cas ce que M. Jacques Schepmans, critique bruxellois, affirme, à propos de la Métamorphose des cloportes.

Ainsi cautionné, Alphonse Boudard n'hésite plus à solliciter votre suffrage au prix Fémina.

Votez Alphonse Boudard pour marquer votre mécontentement devant l'insipidité de la production romanesque d'aujourd'hui.

Votez Alphonse Boudard pour faire preuve tout à la fois d'audace et de perspicacité.

Alphonse Boudard ne vous décevra pas. Il s'engage à rester désormais dans le droit chemin et à vous ravitailler en romans qui occuperont vos soirées.

Alphonse Boudard attend du jury Fémina un OUI *sans équivoque, massif et résolu.*

Il vous dit :

AIDEZ-MOI !

Vive la littérature !

Vive le Fémina !

Alphonse BOUDARD
Engagé volontaire
Blessé du poumon
Croix de guerre 1939-1945
Agrégé de l'Université
de Fresnes-lez-Rungis

Mais les dames du Fémina resteront insensibles à ce vibrant appel. Alphonse n'aura que le prix Sainte-Beuve, obscure récompense, mais récompense tout de même, et qui améliorera le tirage de *la Cerise.* Qui provoquera aussi des incompréhensions parmi ses anciens copains (« Comment, tu fais des livres pour les curés maintenant ? » etc.).

Quand paraît en janvier 1966 *les Matadors* (titre, on l'a vu, expurgé pour *Bleubite*), la critique monte d'un cran, si possible :

...Ce roman serait très horrifique si Alphonse Boudard ne montrait tant d'ironie, et parfois même de bonne humeur. Certaines formes du langage, certaines tournures de style, certaines façons de ponctuer font évidemment penser à Céline.

Si l'on se borne à comparer la nature des deux écrivains, on constate que Boudard est beaucoup moins amer tout en se montrant aussi profondément anarchiste, aussi résolu à ne croire en rien. Mais Céline prenait le monde au tragique. Boudard ne le prend même pas au sérieux (Kléber Haedens).

... Avec son dernier livre, il fait un pas de plus vers l'Académie française. Ces *Matadors* ont toutes les qualités exigées du roman classique : une histoire avec une intrigue rigoureuse et les personnages si bien dessinés qu'ils en deviennent inoubliables... Quand on dit d'un roman que Stendhal l'aurait aimé, c'est un éloge. Quand on dit du roman de Boudard que Céline en aurait fait la préface, il paraît que c'est moins bien. Pas à mon avis.

Et quel film ce serait pour Fellini... (Yvan Audouard).

« Non, dit Alphonse en rigolant — mais tu me vois à l'Académie... chez Plon, j'en repérais des académiciens, ils déambulaient *moderato*... Y en avait un, sur son par-dessus, Huguette m'avait fait remarquer comme des traces suspectes, des traînées ; elle me disait : " C'est des escargots qui l'ont dépassé à la course... " Si jamais un jour je suis à l'Académie, comme ça, je me ferai mettre des patins à roulettes. Parce que si je dois faire le petit train et faire marrer les jeunes écrivains, j'aime mieux rester chez moi... »

Cette atmosphère de Plon pèse comme du plomb, oserai-je dire, sur les épaules d'Alphonse. Déjà, le côté toiles d'araignées, poussière et grand âge lui conviennent mal. Mais dans la préface de *la Cerise,* il s'en prend à la rapacité proverbiale des éditeurs — surtout, semble-t-il, celle du Plon de l'époque :

...je suis grillé de part et d'autre... (alors)... Plon obligatoire pour ma pomme, et pas de gaieté de cœur je vous affirme. Mon usine à moi c'est Plon ! Cette plus-value qu'ils se foutent en fouille rue Garancière, nº 8 ! Les plus bas tapins du Topol ont un pourcentage supérieur.

Et dans *Bleubite* :

Je suis écrivain, serf corvéable et taillable chez Plon...

Cette rancœur sourde contre « Tartemplon », comme il l'appelle, se complique d'un conflit avec un nouveau directeur littéraire, qui veut obtenir d'Alphonse une biographie de François Villon. La situation s'envenime lorsque Plon, au lieu de s'intéresser vraiment à la sortie des *Matadors,* privilégie le petit livre de la petite Minou Drouet. Écœuré, Alphonse se fâche. Il va rester six ans sans publier. Quel gâchis !

Mais il ne va pas rester six ans sans rien faire. On a vu la critique évoquer immédiatement l'idée que ses premiers livres étaient de vrais scénarios.

Presque aussitôt après la parution de *la Métamorphose des cloportes,* le livre est acheté par Michel Audiard qui en assure l'adaptation et les dialogues avec Albert Simonin. Granier-Deferre met en scène. La critique est réservée :

...Comparé à la langue verte, aux inventions spontanées de Boudard, l'argot de Michel Audiard, chargé du dialogue de *la Métamorphose des cloportes,* n'a jamais paru plus conventionnel... Granier-Deferre cadre flegmatiquement des images classiques. Son travail est correctement construit, mais nous restons dans la tradition de la Série noire, dont justement Boudard avait su s'évader (François Vinneuil).

3

Pour boucler ses fins de mois, Alphonse fait un peu de journalisme. Dans un article publié à l'époque dans l'éphémère revue *Taxi*, on le sent de plus en plus agacé et agressif à l'égard du milieu de l'édition et, d'une manière générale, de ce qu'il appelle « les honnêtes gens » :

Il y a d'abord, un « chapeau » journalistique :

Le lundi 20 janvier à 6 h 30, au moment où les détenus de la prison centrale de Melun sortent de leurs cellules pour se rendre aux ateliers de travail, quatre d'entre eux, les frères Ange et Nonce Luccaroti, Albert Bergamelli et Ange Charpentier, tous condamnés à de lourdes peines de réclusion, ont réussi à s'évader en menaçant leurs gardiens avec des pistolets qu'ils dissimulaient sous leurs vêtements. A l'aide d'une échelle ils ont franchi les deux murs d'enceinte de la prison, sous le tir d'un gardien en faction sur le mirador. Un complice au volant d'une voiture américaine les attendait à l'extérieur. Au cours de la fusillade, l'un des évadés a été blessé.

Ensuite, l'article, qui a pour titre :

UNE BELLE A MELUN

Pour tous ceux qui entravent un peu l'argot, qui savent ce que jacter veut dire, point de gourance ! il ne s'agit pas de notre chère Brigitte en tournée de miches dans la Seine-et-Marne... Une belle à Melun c'est une évasion de la Centrale. Ça ne peut être que ça dans ce foutu bled à brouillard. Le quai de la Courtille en hiver on peut pas prétendre que ce soit particulièrement touristique. Rien que le mur d'enceinte de la prison, vu de l'extérieur, vous file le noir. De l'intérieur faut y avoir été pour se faire une toute petite idée du besoin d'évasion *qui tenaille les mecs bouclés là-dedans pour des quinze, vingt piges et plus.*

Les bonnes âmes pensent sans doute que tous ces méchants punis devraient se contenter, comme tout un chacun, du rêve pour s'échapper des grilles du quotidien. N'est-ce pas, l'évasion dans son sens le plus large, le plus abstrait !... la pensée qui vagabonde... le fantastique... les joies si pures de l'esprit !

Peut-être, mais pour les frères Lucarotti et leurs deux complices, le mot évasion a gardé son sens le plus terre à terre. Pas du pour, de la nougatine de s'arracher d'un palace aussi soigneusement lourdé que la Centrale de Melun. J'apprécie en connaisseur le travail de ces artistes. Avant de me ranger, de prendre une sorte de retraite dans les belles lettres, j'ai eu maintes fois l'occasion de voir ces choses-là autrement qu'au cinéma et à la télévision. De quoi, à ce sujet, vous écrire toute une étude, un recueil de nouvelles, cinq ou six romans... La matière, certes, ne manque pas.

Les prisons, je trouve, sont faites pour qu'on s'en évade. Ça me semble évident. Le taulard tout lui est bon.

Quand il a bien ça dans le crâne, rare qu'il finisse pas au moins par un commencement d'exécution. Neuf fois sur dix le coup rate. Ça se solde par trois mois au mitard (cellule disciplinaire, pour les non-initiés). Ne croyez pas que, malgré la dureté du régime, ça puisse le décourager. Sitôt qu'une occase lui paraîtra favorable il remettra la gomme. Sept évasions loupées, la huitième sera la bonne... ou la neuvième, etc.

Cette dernière cavale de Melun c'est plutôt du style western, les journaux ne s'y sont pas gourrés. Deux forts calibres qui sortent soudain au bon moment pour braquer les gaffes de service... l'arrachée en haute voltige avec une échelle... la fusillade... une voiture américaine au pied du mur. On ne fait pas mieux dans la Série noire.

Comment ces deux revolvers sont-ils entrés dans la détention ? La grave question que se posent les lardus, les journaux... on suppose ceci, cela... le parloir, un colis savamment conçu. C'est sans doute autre chose, je fais confiance à l'ingéniosité de l'homme en cage. Dans ce domaine rien ne peut me surprendre.

En tout cas, c'est déjà un sacré tour de force que de faire pénétrer et de garder en planque deux flingues dans une prison centrale. Ça nécessite pas mal de ruses et beaucoup d'imagination.

Après ça, la suite demande une paire de montgolfières bien accrochées. S'agit pas, pour nos candidats à la vie libre de tortiller, hésiter, chochoter autour de la séquence. Au Septième Art tout ça se déroule selon le bon vouloir du scénariste. Plus de même dans le vrai de vrai. Tout ne tient qu'à un fil... un mince. On a pas le temps de se fabriquer une attitude photogénique. Le moindre faux pas et c'est la cerise pour un bon bail !

Ces quatre-là ont réussi. Chapeau, messieurs ! Ils se planquent à présent dans quelque coin prévu je suppose. Tout laisse à supposer qu'ils vont d'ici peu repartir à l'attaque des banques et des caisses d'épargne.

(Faut que tout le monde vive.) On va me balancer que je parle de tout ceci bien allégrement, que j'ai l'air en somme de me réjouir, de trouver ça tout naturel. Je reconnais, j'ai beaucoup de mal au guignol à prendre le parti du gendarme. Prix Sainte-Beuve cuvée 63, édité chez Plon (comme le général de Gaulle et Monseigneur Dupanloup), je devrais peut-être désavouer mes petits potes hors-la-loi, me mettre à leur prêcher la soumission, le repentir. Voilà qui me poserait, me reclasserait définitif. J'avoue, ça me traverse pas l'idée. Plus je fréquente les honnêtes gens, dans l'édition et ailleurs, plus ça me justifie ma conduite passée j'hésite pas à l'écrire tout net.

Et puis à bien réfléchir tous ces voyous répertoriés à l'Identité judiciaire, au fond, c'est nos derniers romantiques. Dans notre univers de ruffians électroniques ils ont quelque chose de désuet, d'anachronique...

Ces quatre hommes sont dangereux... *n'est-ce pas ça fait un fort joli titre à la une sur cinq colonnes, ça vous remue la galerie. La concierge frissonne... que ne ferait-on pas pour faire frissonner les concierges ! Tout est là.*

Alphonse BOUDARD.

Alphonse va-t-il replonger ? Oui. Il va de nouveau organiser des « casses », de minutieuses attaques de banques, d'ingénieux et diaboliques hold-up. Mais pas dans la réalité, dans le cinéma...

La première expérience est très sérieuse : un film d'une heure sur la prison, réalisé par un spécialiste de films médicaux, Éric Duvivier, le neveu du metteur en scène.

Un film qui obtint le « prix des Entretiens de Bichat », récompense flatteuse pour un travail de recherche médicale :

« Les auteurs avaient tourné tout ce qu'ils avaient

voulu à l'intérieur d'une prison, sauf les détenus. On avait donc confié le rôle des détenus à des comédiens et j'avais écrit leurs répliques. C'était un travail étonnant. On m'avait décrit des personnages correspondant à des types particuliers de détenus et je devais en quelque sorte leur donner vie, montrer comment ils réagissaient dans telle ou telle circonstance, comme ils s'exprimaient, etc. Quand j'ai remis mon texte aux médecins, ils m'ont dit : “ Mais, c'est du Courteline ! ” En fait, j'avais écrit mon scénario en mettant à profit l'expérience personnelle que j'avais des prisons et des détenus de toutes sortes que j'y ai rencontrés. Je n'avais pas fait œuvre d'imagination ! J'ai dû convaincre ces médecins que, chaque fois que l'on met en présence un certain nombre de personnes dans un milieu fermé, que ce soit un pensionnat, une caserne ou une taule, elles sombrent immanquablement dans la connerie et la vulgarité. Or, il s'est trouvé que, sur le papier, les choses avaient cette tournure courtelinesque, mais une fois portées à l'écran, il s'en dégageait quelque chose de tragique... »

C'est alors qu'Alphonse va faire l'une des grandes rencontres de sa vie. L'homme qui va le faire entrer dans le monde du cinéma par la grande porte, qui va lui donner une stature, un niveau de vedette de l'écriture cinématographique, qui va aussi lui faire vivre une belle aventure : Gabin.

4

Jean Gabin est à ce moment-là au faîte de sa deuxième carrière. La première, d'avant-guerre, c'était « T'as de beaux yeux, tu sais » et les grands films avec Carné ou Renoir. Ensuite, une éclipse, qui s'était terminée avec le succès de *Touchez pas au grisbi* de Becker au début des années 50.

C'est donc un Gabin monolithique, bourru et fonceur, pour longtemps installé dans le film de Série noire. Il devait fatalement rencontrer le chemin d'Alphonse.

Cela se fait d'une manière très bizarre, comme toutes choses dans le monde du cinéma.

Gabin va tourner *Du Rififi à Paname* d'après un livre d'Auguste Le Breton. Le metteur en scène désigné est, curieusement, l'Anglais Terence Young, qui ne comprend rien à l'argot du roman.

La production finit par s'adresser à un spécialiste, Alphonse Boudard, pour lui demander... une traduction. Alphonse s'exécute (il a déjà, à cette époque, décidé de ne plus s'étonner de rien) et il traduit, donc, d'argot en français. Entre-temps, Denys de La Patellière a remplacé Terence Young. Il reçoit la « traduction » en croyant qu'il s'agit d'une adaptation et reproche à son auteur de... ne pas avoir mis assez d'argot. Petit à petit, tout le monde s'explique, et Alphonse est intégré à l'équipe. C'est la rencontre avec Gabin, qui trouve Alphonse plutôt sympathique. De toute manière, Gabin vient de se fâcher avec son dialoguiste attitré, Michel Audiard, et Alphonse est le bienvenu. *Du Rififi à Paname* est un bon succès, c'est parti !

Gabin fait engager Alphonse sur *le Jardinier d'Argenteuil* de Jean-Paul Le Chanois. Ça n'est plus un besogneux comme La Patellière : c'est un intellectuel de gauche, avec une certaine réputation, complètement fourvoyé dans une histoire de faux-monnayeur rigolarde. Le Chanois est plutôt malmené par Gabin pendant le tournage. Le film en souffre, c'est un insuccès. Cela ne décourage pas Gabin, qui sait d'expérience d'où est venu le mal, de reprendre Alphonse sur *le Soleil des voyous,* l'année suivante, avec cette fois comme metteur en scène Jean Delannoy, gloire d'un certain cinéma français dit de qualité *(la Symphonie pastorale)* et qui finit sa carrière en tournant des polars. Gabin est avec lui d'une déférence extrême. Alphonse case deux ou trois bonnes répliques, du genre de celle-ci : Gabin, retrouvant un vieil ami : « — Tu vois, je suis comme les vieux chênes, chaque année je prends une épaisseur de plus... » Gabin aime bien les dialogues d'Alphonse, qui le fait parler comme devait le faire son père nourricier du Loiret, le bon vieux M. Trimouille.

Tout aurait pu continuer sur ce genre de roulettes si Audiard n'avait pas senti que l'ennemi s'installait solidement dans la place et qu'il convenait de réagir au plus vite, d'enterrer rapidement les haches de guerre. Parallèlement à ce rapprochement Audiard-Gabin va se situer l'épisode du *Tatoué* qui va éloigner Alphonse.

Il s'agit d'un projet destiné à Édouard Molinaro. Une idée originale d'Alphonse, très amusante : de

Funès serait un « moderne », un fou quasi épileptique amateur de peinture hyper-abstraite. Gabin, lui, serait tatoué des pieds à la tête, une véritable œuvre d'art, que de Funès veut acheter...

« Mon erreur, ça a été d'envoyer à Gabin et à de Funès en même temps le scénario. J'ai téléphoné à Gabin qui m'a dit : " Ah dis donc, t'as bien travaillé pour Louis. " Alors boum. Après j'ai téléphoné à Louis qui m'a dit : " Mais alors tout est pour Gabin, je suis un clown blanc, je ne suis rien. " A partir de ce moment-là c'était fini. L'idée c'était de ne pas faire rencontrer à égalité ces deux monstres. Il y a eu des moments sublimes de Gabin-de Funès dans *la Traversée de Paris,* mais de Funès était un second rôle. Là ça va. Mais du jour où de Funès est devenu lui aussi une grande star, il est évident que c'est difficile d'être au pouvoir à deux, la cohabitation... on est gouvernés par de Funès et Gabin...

« On a tourné le film d'une toute autre façon que je l'avais conçu et j'ai retiré mon nom du générique. Ça m'a porté tort auprès de certaines personnes. Je me suis fait une réputation de mauvais coucheur.

« Je me suis lancé alors dans de petites aventures.

« J'ai essayé de devenir réalisateur. J'ai voulu tourner un film, *la Saison des voleurs* qui n'a pas reçu l'avance du Centre du Cinéma et qui est tombé à l'eau. Une histoire sans héros, pleine de petits voleurs minables, un film qui n'obéissait pas aux lois du genre. »

La Saison des voleurs, c'est un peu l'esprit du *Pigeon :* très éloigné du polar à la française, style Melville ou Gabin. Mais surtout, on voit apparaître une préoccupation très profonde d'Alphonse, le voleur qui *ne peut pas* faire certaines choses :

EXTÉRIEUR JOUR. RUE À PARIS

Nous retrouvons nos trois compères dans la 2CV de Francis stationnée au bord d'un trottoir dans une petite rue. Francis est au volant.

CHICAGO

Alors tu le retiens le plus longtemps possible dans le rayon des bibelots. Si je fais du bruit, tu t'arranges pour tousser, pour crier, tu piges ?

DANIEL

C'est OK !

Il sort de la 2CV et entre dans une petite boutique de bimbeloterie-quincaillerie.

INTÉRIEUR JOUR BOUTIQUE

Daniel en entrant laisse la porte entrouverte derrière lui. Dehors, on aperçoit la 2CV avec Francis au volant. Nous sommes dans un magasin assez minable, poussiéreux. Le quincaillier est un vieux bonhomme en blouse grise avec un béret sur la tête. Il se tient près de sa caisse et il bavarde avec une cliente, une ménagère du quartier.

LA MÉNAGÈRE

Mais enfin, monsieur Rabec, ils peuvent pas tout vous prendre ?... Vous mettre à la rue ?...

LE QUINCAILLIER

Qu'est-ce que vous voulez, j'ai trop de dettes partout... et surtout avec ces maudits impôts. J'ai accumulé trop de retard, alors maintenant je vais être saisi... le déshonneur.

LA MÉNAGÈRE

Y a pas de déshonneur à ça !... Tout le monde est saisi à présent. A votre place je vendrais et je prendrais ma retraite.

LE QUINCAILLIER

Vendre ! Mon magasin ne vaut plus rien depuis qu'ils ont ouvert leur supermarché. Y a plus que les clientes comme vous qui viennent... Les vieilles habituées.

Daniel s'est approché de façon à masquer Chicago qui s'est glissé derrière lui plié en deux et qui se cache derrière un comptoir sur la gauche. Le quincaillier apercevant Daniel coupe sa conversation avec la dame.

LE QUINCAILLIER

Vous désirez, monsieur ?

DANIEL

Je voudrais acheter un petit bibelot... Dans ce genre-là.

Il désigne derrière le quincaillier une série de chiens en plâtre doré assez hideux, dans le genre de ceux que l'on gagne au tir forain.

LE QUINCAILLIER

Très bien. (S'adressant à la dame :) Au revoir, madame Dubois.

La dame sort obligeant Chicago à faire un mouvement tournant derrière son comptoir. Le quincaillier s'est retourné pour montrer ses bibelots à Daniel.

DANIEL

Oui, des trucs comme ça... Vous n'en avez pas d'un peu mieux ?... Je veux dire un peu plus gros ?

Il remarque de plus en plus la pauvreté de ce magasin... Le quincaillier semble souffrir de rhumatismes... Il a du mal à monter sur un petit escabeau pour atteindre sa marchandise. Coup d'œil de Daniel vers la caisse... Il aperçoit une petite sacoche sous la caisse. La dame étant sortie, Chicago s'approche. Tout à coup, Daniel, qui a aperçu près de la caisse un gros vase décoré d'un paysage méditerranéen avec une cigale en relief, s'adresse au quincaillier.

DANIEL

Ça, c'est pas mal...

Le quincaillier se retourne, alors Chicago ne peut plus avancer.

LE QUINCAILLIER

Ce vase-là ?...

DANIEL

Oui, c'est pour offrir à ma mère...

LE QUINCAILLIER

C'est mieux qu'un chien... On peut y mettre des fleurs.

DANIEL

Il vaut combien ?

Le quincaillier regarde l'étiquette sous le vase.

LE QUINCAILLIER

Cent trente-huit francs.

DANIEL

Je le prends...

Le quincaillier prend le vase et se prépare à l'emballer.

DANIEL

Non. Ce n'est pas la peine... Je l'emballerai moi-même... J'ai du papier cadeau à la maison.

LE QUINCAILLIER

Comme vous voudrez, monsieur.

Daniel sort des billets de sa poche pour payer. Derrière le comptoir Chicago paraît furieux. Daniel lui adresse un signe d'impuissance...

Chicago manœuvre pour apparaître près de la porte, tandis que le quincaillier rend de la monnaie à Daniel. Celui-ci prend sa monnaie et va vers la sortie.

EXTÉRIEUR JOUR RUE
Daniel rejoint la 2 CV, monte à l'arrière.

FRANCIS
Alors ?
DANIEL
Alors, rien...
FRANCIS
Vous avez pas pu ?
DANIEL
Moi, je n'ai pas pu... c'est pas possible. On ne peut pas faire ça...

On ne peut pas faire ça... Le truand maladroit qui s'attendrit, c'est aussi le thème du seul film qu'Alphonse va finalement parvenir à réaliser, un court métrage, *Chourave Story* :

« C'est l'histoire d'un petit voleur qui sort de taule. Il va voir son oncle, un vieux truand minable, qui le convainc qu'une bonne femme qui habite la zone a un magot fabuleux sous son matelas. Le gars se rend chez elle, la braque, la menace, n'arrive pas à l'impressionner et finit par lui donner les dix mille balles qu'il a dans sa poche, apitoyé qu'il est par son sort ! »

Tout cela est un peu trop honnête et finalement marginal dans le monde du cinéma français, où l'on a plutôt tendance à appliquer des recettes. C'est pourquoi, dans *Cinoche,* Alphonse s'en prend à son grand rival de l'époque, Blaise Potager (Pascal Jardin), accusé, surtout, de facilité et de complaisance. *Cinoche,* c'est aussi l'apogée d'une sorte de carrière parallèle, propre quasiment à tous les gens du cinéma, une succession de coups foireux, ratés à l'avance, de projets insensés...

Comme ce producteur qui propose à Alphonse une... vie de Bizet, ou cet autre :

« C'est un type, sa production s'appelait " Les Films de l'Air ". Siège social Papeete, boîte postale à Courbevoie... Le mec m'envoyait un scénario en me demandant de faire l'adaptation. Ça s'appelait *la Fiancée de Du Guesclin.* Quelques pages qu'il avait rédigées péniblement, parce que dans ce milieu, il y a une bande d'analphabètes incroyables... je ne me rappelle qu'un détail, quand Du Guesclin arrivait avec son armure voir sa fiancée, il avait une espèce de tirette à hauteur de braguette et toc, il faisait l'ouverture, il se faisait faire une turlute par la fiancée, il refermait la tirette et il partait tuer les Anglais... »

Cinoche, c'est aussi le récit de la rencontre, sur fond de Mai 68, d'Alphonse avec Marc Simenon, le fils du grand Simenon. Ce grand garçon sportif et sympathique s'était très vite orienté vers le cinéma. Assistant-réalisateur, puis auteur de quelques courts métrages, il avait épousé Mylène Demongeot, qui n'était plus, à l'époque, la grande vedette. Alphonse va les peindre sous les noms de Luc Galano et Gloria Sylvène. La première impression est dominée par l'étrange comportement des enfants du couple :

Ils sont élevés, ces chers petits, à l'américaine... l'avant-garde pédagogique. Je ne suis peut-être pas au fait... de nos jours aux États-Unis les lardons grandissent dans la plus totale liberté. Ça favorise leur plein épanouissement... réveille leur potentialité secrète... elle m'affirme. J'en doute pas, je n'ai pas envie de la contrarier. J'acquiesce et pourtant, dans le jardin, ça continue de chabler sévère... ça redouble, on dirait ! « Enculé » ce qui m'arrive par le mistral qui souffle un peu juste depuis ce matin paraît-il. Le principe c'est que rien doit les culpabiliser nos descendants. Aucun obstacle à leurs caprices, leurs lubies les plus saugrenues, toutes leurs irrégularités d'humeur, leurs escapades, leurs bénignes insultes si on réfléchit. Il faut, et encore avec d'infinies précautions pour ne pas les choquer dans leur moi profond, leur éclairer, expliquer doucement les choses, ce qui se fait, ce qui se fait pas [...].

Tout le livre est du même tonneau... l'un des plus drôles d'Alphonse... pour raconter ce qui est, en fait, une sorte du chemin de croix cinématographique, une descente aux Enfers dans la folie du « cinoche ».

Tout est absurde, insensé, c'est le monde du n'importe quoi, avec au bout un film hallucinant qu'Alphonse, bien sûr, refuse de signer et dont il cachera le titre jusqu'à son dernier souffle. Avec, évidemment la ruine du producteur, car toutes ces aventures — et de ce point de vue *Cinoche* est une sorte de livre modèle sur la profession cinématographique — aboutissent dans l'immense majorité des cas à ruiner des gens comme ce dentiste que décrit Alphonse :

Le phénomène assez courant... des gens qui ont fait fortune, des commerçants jusque-là avisés... cupides... l'œil fixé sur le tiroir-caisse ! Le mirage du cinoche à l'horizon, ils mettent au rancart toute prudence, tout ce qu'ils ont appris depuis vingt piges dans leur boutique... l'immobi-

lier... la spéculation... le pourcentage ! Un funambule quelconque se les met dans sa fouille... il se pointe auréolé d'une gloigloire tout en stuc... hop ! les voici dans la balancelle... rare qu'elle atteigne les rives de l'île au trésor. Marius Gonfalon, par la suite, avait tenté encore une expérience... un film d'avant-garde... J'ai appris qu'il a tout fourgué, son cabinet, son appartement à Auteuil... sa demeure secondaire dans les Yvelines. Il travaille à présent dans un dispensaire de la Sécurité sociale. Ceci encore une autre histoire, un peu balzacienne... d'illusions perdues ! Nadia, elle aurait mieux fait d'ouvrir un clandé, une petite taule avec deux-trois hôtesses pour les présidents africains de passage... ils aiment mieux ça que les ciné-clubs.

Alphonse, bien sûr, fera d'autres films, avec d'autres metteurs en scène, des sérieux, ceux-là. Mais en ce début des années 70, cette aventure affolante l'avait fatigué, déprimé. Il lui fallait, d'urgence, revenir à la littérature.

5

En 1970, Alphonse publie un curieux livre, *L'Argot sans peine ou la méthode à Mimile.*

C'est une sorte de parodie (ou d'imitation ?) de la méthode Assimil (d'où le titre). Avec le sous-titre suivant :

Pour parler en peu de temps
un argot coulant et naturel
Indispensable aux étrangers
qui veulent connaître la langue de Paris
comme aux personnes distinguées
désireuses de s'exprimer
en termes vulgaires

Cette plaisanterie est en fait un énorme travail, dû à un personnage tout à fait hors du commun, Luc Étienne, professeur de mathématiques et « régent du collège de pataphysique », c'est-à-dire adepte des élucubrations intellectuelles les plus tarabiscotées chères à Raymond Queneau ou Georges Pérec. Luc Étienne va donner des œuvres aussi bizarres que *l'Art du contrepet, Poèmes à métamorphoses pour rubans, l'Art du palindrome, Intrications chiasmatiques, le Tempérament décimal...* avant de mourir, épuisé par l'intense effort cérébral qu'il s'est imposé toute sa vie.

Je ne résiste pas au plaisir de vous donner ici un fac-similé de la première leçon d'argot de cette *Méthode à Mimile* :

1re Leçon

1 — Mimile, tu radines ? (1)
2 — ...(Mimile y (2) la ferme) (3)
3 — Tu viens-t-y (4), Mimile ?
4 — ...(Mimile y moufte pas,
5 — Nanar y lui gueule dans l'esgourde) :
6 — Mimile, tu viens-t-y, oui ou merde ? (5)
7 — ...(Mimile y l'ouvre toujours pas,
8 — y ligote pépère son canard ;
9 — Nanar l'argougne par les endosses) :
10 — T'es sourdingue, ou tu te fous de ma gueule ?
11 — Fais pas chier (6), merde, tu me casses les burnes ;
12 — Tu viens pas t'en jeter un petit ?
13 — Tu pouvais pas le dire d'entrée,
14 — que tu voulais carmer l'apéro ?

PRONONCIATION *

1 mimil tu radin' — 2 mimililafèrm' — 3 tuvyiñti — 4 imouftèpa — 5 iluighoel — 6 tuvyiñti — 7 i louv' toujourpa — 9 andôss' — 10 tè sourdiñgh outut'foud'maghoel — 11 tum'kass'lèburn' — 12 tanch'té huñ (pas de liaison !) pti — 14 ktuvoulè.

* *On notera dans la prononciation figurée l'abondance des élisions, l'e muet disparaissant souvent devant une consonne ; exemple :* tu m'cass' les burnes !

1 Emile, venez-vous ? — 2 ...(Emile observe le silence). — 3 Venez-vous, Emile ? — 4 ...(Emile fait comme si de rien n'était ; — 5 Bernard lui crie à l'oreille) : — 6 Emile, venez-vous, oui ou non ? — 7 ... (Emile continue à se taire, — 8 il lit tranquillement son journal ; — 9 Bernard le saisit aux épaules : — 10 Etes-vous sourd, ou vous moquez-vous de moi ? — 11 Ne (me) tracassez pas, que diable ! vous m'importunez ! (**mot-à-mot** : vous me brisez les testicules). — 12 Ne venez-vous pas boire un verre avec moi ? — 13 Ne pouviez-vous pas le dire tout de suite — 14 que vous désiriez (m') offrir une boisson apéritive ?

NOTES

(1) **Tu radines ?** Dans les phrases interrogatives, l'inversion du sujet et du verbe, qui est de règle en français, n'est pratiquement jamais employée dans la langue populaire ; on ne dit pas « viens-tu ?, mais « **tu viens ?** » ; la seule chose qui distingue alors de la phrase affirmative correspondante est l'élévation de la voix sur la dernière ou sur les dernières syllabes. Notons que **radiner** peut être employé aussi sous la forme pronominale : **tu te radines?** — (2) **Mimile y la ferme** : dans la phrase populaire le sujet constitué par un substantif est très souvent, mais pas toujours, renforcé par un pronom (ici : il, prononcé i et écrit selon l'usage **y**). — (3) **Y la ferme** (sous-entendu sa gueule) : il se tait. **Ferme-la !** (ou **la ferme !**, ou **ferme ta gueule !**) sont les façons les plus courantes dans le peuple de traduire « Tais-toi ! » L'argotier dira plutôt : **Ecrase !** (qui contient une idée de menace). — (4) **Tu viens-t-y** : l'interrogation est souvent marquée par une particule invariable analogue au **ne** latin qui se prononce **ti** (ou **i** quand la forme verbale se termine par un **t**) et que nous écrivons : **t-y** ou **y**. Exemple : **T'entraves-t-y c'que j'te cause** : comprenez-vous ce que je vous dis ? **Ils ont-y** (pron. izonti) **tout tortoré ?** Ont-ils tout mangé ? — (5) **Oui ou merde** : oui ou non ? Ne pas en déduire que **merde** veut dire « non ». **Merde** n'est pas seulement, en effet, « matière fécale de l'homme et de certains animaux », mais exclamation de mépris, d'indignation, de refus, d'impatience, de dépit, de douleur, etc., ou encore d'étonnement, de surprise, d'admiration. Exemple : **Merde, les lardus,** Horreur, voici les policiers ! **Merde, c'qu'elle est bath !** Dieu, qu'elle est belle ! C'est le maître mot de la langue française, le Mot, selon Alfred Jarry, qui a su lui donner ses lettres de noblesse (et une de supplément

Tout y était, les chèques en bois des producteurs bidon, de très vaseuses histoires de préface pour une édition des *Pieds-Nickelés,* qui se terminent par un banquet filmé par son ami Claude Berri et par une bagarre générale... Tout cela, raconté plus tard dans *le Banquet des léopards,* est un peu le récit d'une nouvelle dérive... avec les copains de la « Lanterne », le magasin de

« curiosités » d'Auguste, le cher Auguste, dit le Lanternier, grand faussaire devant l'Éternel... et grand (trop grand) amateur de juliénas... Alphonse le raconte avec verve et le pleure, à la fin du livre, en quelques pages déchirantes. Oui, c'est une nouvelle dérive, inquiétante, qui va se terminer heureusement par l'apparition d'un homme providentiel — il y en a, comme ça, de temps à autre dans la vie d'Alphonse — l'éditeur Roland Laudenbach.

C'est le patron de La Table Ronde, le neveu du grand Pierre Fresnay. Il a débuté comme scénariste, surtout pour Alexandre Astruc (*Une vie, les Mauvaises Rencontres,* etc.). Laudenbach va s'enflammer — et militer — pour Alphonse Boudard. Il commence par racheter à Plon les contrats et les livres déjà publiés, puis fait la leçon à Alphonse : « Laisse tomber ces histoires de cinoche, je te fais des mensualités pour que tu écrives. » Ouf ! Enfin... la démarche qu'il fallait faire. Désormais, Alphonse, tranquille, peut écrire. En 1972, il publie *l'Hôpital,* en 1974, *Cinoche,* en 1977, *les Combattants du petit bonheur.*

Et là, il va gagner.

6

Alphonse avait reçu, quelque temps auparavant, en 1970, une très belle lettre, signée Alfred Sauvy :

Je dois vous dire, sans aucune idée de plaire, que je vous place à un niveau très élevé parmi les écrivains français. Croyez que je suis toujours très ménager de mes mots.

Et mon seul regret est que vous n'ayez plus écrit depuis quelques années.

Désormais, grâce à l'extraordinaire gentillesse — c'est le mot — de Roland Laudenbach, à l'attention constante sans être tatillonne, à toute cette aide faite de conseils intelligents et de tranquillité matérielle, Alphonse va vraiment s'épanouir.

Après le feu d'artifice de *l'Hôpital*, il reçoit cette fois une lettre de Jean Anouilh :

Vous êtes un des rares noms que je lis d'une traite en me marrant tout le temps — avec le désespoir à la fin, pas de la condition humaine, je l'ai acceptée depuis longtemps, mais tout simplement que ce soit fini.

J'en veux un autre. Vous m'avez fait plaisir et c'est ce qu'il y a de plus rare.

L'autre livre — qui suit presque aussitôt —, ce sera *Cinoche.*

Lettre, cette fois, de Brassens :

Ça m'arrive chaque fois que tu publies quelque chose. Avant même d'avoir terminé la lecture de ton dernier bouquin *Cinoche*, j'avais la certitude que j'éprouverais le besoin de le relire plusieurs fois. C'est mon petit critère personnel et qui a fait ses preuves pour décider de la qualité d'un ouvrage. Merci pour avoir écrit *Cinoche* et aussi pour me l'avoir envoyé.

A ce propos, Alphonse, redevenant l'écrivain connu et fêté que les années cinoche avaient fait un peu oublier, se met à recevoir des quantités de lettres. Sur cet immense courrier, lot commun de toutes les personnalités, il a écrit ce petit texte inédit :

> *La dernière lettre que je reçois... celle d'un pédicure. Il me félicite de mon talent, ma vive plume, mes facéties grammaticales. Comme ça, une page et m'annonce, ce que j'attendais, qu'il a lui aussi écrit un roman inspiré de ses expériences. Toute une remontée en partant des pieds de ses clientes. Les plus jolies, bien entendu... les autres, il les traite certes en toute conscience professionnelle mais, passez-moi l'expression, il s'en bat la gaule... Voilà... l'originalité de l'ouvrage... « T'as de beaux pieds, tu sais... embrasse-moi. »*
>
> *Toujours à peu près le même schéma. On vous a lu et apprécié... on a rappelé au joyeux lecteur, la coquine lectrice, des souvenirs, etc., et dans le dernier paragraphe, on vous demande si vous avez le temps de lire un petit essai... un bout de roman... une série de poèmes... Encore heureux si on ne vous l'expédie pas d'autor.*
>
> *Ça fait 80 p. cent des lettres. Parmi les autres, il y a carrément les tapeurs, ceux qui demandent un livre, un chèque... quelques piécettes.*

J'ai eu droit à mes débuts, au moment de la Cerise, *à toute une correspondance de taulards, d'assistantes sociales, de visiteurs de prison. Je me suis laissé embrayer quelque temps dans le circuit. J'aurais poursuivi, j'y laissais ma chemise, tous mes loisirs... je devenais l'abbé Pierre de l'univers carcéral. Peut-être aujourd'hui Badinter m'aurait-il pris dans son cabinet comme conseiller... Savoir ?*

Selon le dernier livre publié, ça me ramène les malades, les cinéphiles (ce qui revient au même), les anciens maquisards, les obsédés sexuels... un vieil artilleur qui vous tance à propos d'une petite erreur... un 75 qui n'était pas en 1944 sur une certaine sorte de blindé de l'armée américaine !...

Je réponds ou je réponds pas, à présent un peu selon mon humeur, le temps qui me reste après les besognes plumitives alimentaires.

On attend tous — enfin mes confrères hétéros — la lettre d'une charmante avec sa photographie dans un camp de nudistes. « Je suis à vous, cher Maître, demain soir. » Elle n'arrive pas, bien sûr. C'est le Trésor public qui vous envoie des mots doux. Tout le reste n'est que rêverie.

J'oubliais les lettres d'engueulades. Elles sont rares, d'autant plus précieuses. Ça ne s'élève jamais très haut dans l'invective à mon vif regret.

Ce qui me rend modeste, c'est ce genre de bafouille reçue dernièrement.

« Cher Monsieur Boudard,

« Je n'ai jamais lu vos livres, mais j'ai appris que vous aviez participé au scénario et aux dialogues d'un film avec Bernard Menez. Je pense donc que vous êtes bon camarade avec cet acteur. Comme il m'amuse beaucoup avec son grand nez, vous pourriez peut-être lui demander une photo dédicacée que vous m'enverriez à Arcueil-Cachan où j'habite avec ma vieille maman paralysée. Ça lui ferait plaisir, elle aussi, d'avoir la photo de Bernard Menez qui est catholique, paraît-il, donc un chic type.

« Je m'appelle Pascaline X... »
Etc. (suit l'adresse et timbre pour la réponse).
J'ai pris une photo de Menez et je l'ai dédicacée moi-même. Dans ma folle jeunesse, j'ai été quelque peu faussaire. Chassez le naturel, etc.

Alphonse BOUDARD.

Après *Cinoche,* Alphonse se remet au travail sur *les Vacances de la vie,* ce premier livre, qu'il avait refusé, on l'a vu, et dans quelles circonstances, de donner à Plon.

Il va cette fois accomplir un travail d'écrivain à un nouveau stade :

« Il y a sans doute, entre *la Métamorphose des cloportes* et *Cinoche,* une évolution de l'écriture. Ce que je fais est plus resserré. J'ai économisé les dialogues. J'ai voulu être plus concis. De plus en plus, je pourchasse l'idée reçue, la phrase bateau, l'expression toute faite, les clichés du faux anticonformisme...

« Autre chose : des livres comme *l'Hôpital* sont du genre de la chronique ; *Cinoche* relève beaucoup plus du roman. J'ai été plus seul avec ce livre qu'avec d'autres. »

Il me dit cela, Alphonse, dans cette petite chambre rue Henri-Monnier, sa tanière. La suite de notre interview... Il a pris le manuscrit des *Vacances*... les cahiers, commencés à Fresnes, à la lueur des fameuses petites lampes à huile bricolées par son compagnon de cellule et ami Yann. Il me passe le manuscrit. Je regarde les innombrables corrections, les surcharges, le travail que ça a dû être.

« Ce qui me fascine quand je vois ça, Alphonse, c'est que ça montre tes liens avec le vocabulaire : tu distilles tes mots, tu les modèles, on a l'impression d'une sorte de cuisine, d'alchimie...

— Je baise avec le vocabulaire. C'est de l'amour... Ma vocation c'est de faire marrer les gens. C'est difficile de faire rire, il y a un mécanisme à trouver qui tombe juste ou pas... c'est une grande idée, celle de Rabelais. De son temps y avait pas les antibiotiques, la seule chose qu'on pouvait faire, c'est de faire marrer un peu le pauvre monde. Aujourd'hui, je fais pareil.

« Et puis il y a l'argot... C'est une certaine façon de voir, d'appréhender la vie. Cocasse, surprenante. C'est en ce sens-là que je suis argotier, pas du tout parce que je préfère dire " une paire de pompes " au lieu de souliers. D'ailleurs, au cours d'un débat après la parution des *Combattants du petit bonheur*, une bonne femme me dit : " J'ai pas tout compris... " J'essaie toujours de mettre les mots d'argot de telle façon que ce soit expliqué soit par le contexte, soit directement un peu plus tard, pour que même une vieille dame auvergnate puisse comprendre. Alors je demande à cette lectrice de me donner un exemple. Elle me répond : " Bah regardez, là y'a ' pandémonium '... " »

Alphonse regarde pensivement ses cahiers d'écolier, suit les lignes avec le doigt, puis se tourne vers moi :

« Tu vois, quand je pense à tout ce boulot d'écriture... J'ai appris doucement, j'ai fait ma petite cuisine, et en même temps, je tombais sur des livres dans le genre de ceux de Robbe-Grillet où je lisais des descriptions de tables, de téléphones, de clés, de cuvettes de chiottes... Et on me disait que c'était ça les grands romans français qu'on traduisait à l'étranger... Je comprenais pas du tout. C'est une chose qui m'échappe toujours. Il me semble qu'il y a là un énorme bluff. »

Alphonse a donné sur ce sujet, à l'époque, une très intéressante interview à son service de presse :

Q. — Qu'est-ce qui fait la spécificité du roman ?

R. — C'est un mensonge prémédité et organisé mais qui doit être plausible et prendre racine dans le réel.

Q. — La querelle du nouveau roman et du roman traditionnel vous paraît-elle fondée ? Ne doit-elle pas être dépassée ?

R. — Dépassée, certes. Le roman traditionnel, en tant que moyen d'évasion, de divertissement, est en infériorité sur le cinéma. Il crèvera du cinéma et de la télévision. Le nouveau roman n'apporte aucune solution. C'est le suicide du roman. On hâte la fin du moribond. Peut-être le roman peut-il survivre sans être un auxiliaire du cinéma, mais tout doit être alors dans la langue. Comme le français traditionnel ne correspond plus à grand-chose, la langue doit passer par la vie. Avec toujours cette transposition dont a parlé Louis-Ferdinand Céline.

Q. — Le romancier peut-il être poète ? philosophe ? Doit-il s'intéresser à la science ?

R. — Le romancier doit être poète, ça me paraît urgent. Il peut être philosophe s'il prend soin de laisser son jargon au vestiaire. Il doit s'intéresser à tout, à la science, à l'élevage des porcs, à la cuisine, au Code de procédure et même au général de Gaulle.

Q. — Qu'est-ce qui, selon vous, distingue l'écrivain véritable du simple littérateur ?

R. — Ce qui distingue Céline ou Blaise Cendrars de Sartre ou d'André Maurois.

Q. — Quel est selon vous, l'avenir du roman ?

R. — La mort, si on laisse le docteur Robbe-Grillet lui infliger ses pénibles clystères. Il est grand temps qu'il change de médecine. Je recommande à tout hasard une cure de Jean Giono, des petites pilules Simenon, des infusions de Paul Morand et des cataplasmes de Marcel Aymé.

Les Combattants du petit bonheur est publié en 1977. Une merveille, avec cette musique qui vous prend, dès les premières lignes :

Comment s'appelait-il autrefois ce cinéma ? je me gratte... n'arrive plus à me souvenir. J'y allais souvent le samedi soir, comme dans la chanson, après le turbin.

Cette « petite musique boudardienne », Georges Walter, dans *le Matin*, en parle aussitôt :

De sa langue maternelle, il a fait un instrument littéraire d'une efficacité, d'une cadence incomparables. Avant tout un instrument de musique...

C'est ensuite Michel Déon, dans *le Journal du Dimanche*, qui explique ce qu'est cette musique :

C'est très beau et cela va *crescendo* dans cette langue qui n'appartient qu'à Boudard, qu'il forge à chaque phrase avec un génie de l'invention verbale qui ne doit à personne. Sa voix est reconnaissable entre toutes, économe (un adjectif pour un adverbe), scandée, presque rimée. Il donne l'impression de la liberté, de l'abondance, mais à le lire mieux, on reconnaît l'écrivain à son économie, à ses rigueurs, à ses chutes, à ce maniement des syllabes. Au vocabulaire qui se meurt, il insuffle la vie, comme il insuffle la vie à ce quartier aujourd'hui presque disparu sous la pioche des promoteurs, le XIIIe arrondissement.

Et Angelo Rinaldi, dans *l'Express* :

Pas de doute, pour ce qui est de l'atmosphère, Arletty serait d'accord : Boudard a vraiment une gueule d'atmosphère.

Pour Alain Bosquet, Boudard, c'est notre Malaparte. Et Louis Nucera, qui deviendra son meilleur ami, qui partage tant de passions avec Alphonse (à commencer par celle du vélo), tire une conclusion à cette avalanche d'articles plus élogieux les uns que les autres :

Alphonse Boudard a le don des nostalgies. Il convoque la mélancolie ou le terrible, la truculence et les rires à son gré : il suffit qu'il se laisse aller, qu'il retourne le sablier. C'est de l'émotion douce-amère qu'il nous propose, des sentiments vrais.

Il existe un groupe de lecteurs (qui tend à s'agrandir) pour lequel chaque livre d'Alphonse Boudard est un événement. Il y a là un homme que les idéologies ne dupent pas.

Une fois encore ces lecteurs — qui aiment retrouver la vie dans les livres et non de piètres fictions — seront comblés.

Enfin, même Jacqueline Piatier, du *Monde*, la grande prêtresse des « Modernes », celle qui n'a d'yeux que pour les Robbe-Grillet et consorts, la voilà qui s'émeut avec Alphonse :

Il a beau dire que son seul souci est de faire « se marrer » ses lecteurs, tout autre chose passe dans son livre, et bien plus que de la rigolade...

Le 23 novembre 1977, *les Combattants du petit bonheur* a le Renaudot.

7

Comme Céline attendant le Goncourt devant chez Drouant, Alphonse vient de passer une matinée affreuse... malgré l'accueil enthousiaste de la presse, la ruée des télévisions — il tourne même à ce moment une émission spéciale d'une heure dans la série « L'homme en question » — le succès qui s'affirme jour après jour — on ne parle que de lui pour « les prix ». Il se demande toujours lequel.

Le Goncourt est attribué à Didier Decoin pour *John l'Enfer* par cinq voix contre cinq à la Canadienne Antonine Maillet pour *les Cordes de bois.* C'est la double voix d'Hervé Bazin qui a départagé les concurrents.

Au premier tour du Renaudot, des voix se sont portées sur Jeanne Champion, Michel Butel, Anna-Maria Corbara... Ce genre de retour en arrière est toujours un peu cruel... Que reste-t-il ?

Au deuxième tour, à la quasi-unanimité, le prix est décerné à Alphonse Boudard. Enfin !

Alphonse a raconté la suite [1] :

A tout prendre, ça vaut mieux les affres, les incertitudes, l'angoisse à attendre le Renaudot qu'un verdict de cour d'assises.

---

1. Dans un article paru dans *VSD.*

Et arrivent subito tous mes potes... alors là, une ruée... par vagues c'est l'assaut sur les salons du Pont-Royal... Musique en tête, le vrai, celui de mon admirable ouvrage couronné 77... ça remonte de la nuit de l'Occupe, les anciens guerriers de la Colonne Fabien, du 4e Commando... ceux de Gravelotte, Colmar, Constance... le vaillant capitaine Bat... les fiers à Sten... ils tiennent tous à me féliciter... Suivent les compagnons des plus mauvais jours... François, Jeannot, Bobby, Dudule... quelques autres. On s'est connu à la ratière... ça totalise combien de placard à nous tous ?... peut-être un siècle, j'exagère pas... Leurs dames sont là, l'intrépide Carmen qui tient taverne avec ses filles aux anciennes Halles. Une femme qui sait ce que c'est que d'entendre siffler les balles à ses oreilles. Arrivent dans la foulée les Maîtres... les bavards, les débarbots. Jean-Louis Pelletier qui fait trembler les colonnes du temple... du palais de justice, je veux dire, quand il est comme toujours au banc de la défense.

J'aperçois mon mage... son crâne lisse... Dieudonné qui me l'a prédit in the pocket ce Renaudot y a belles burnes... Rallègent aussi les récupérés aux antibiotiques... les amis du temps tubard... ceux de l'hostobiographie. Ça fait déjà pas mal de monde... On a en plus les hirondelles... elles sont autour du buffet, elles enfournent dans leur cabas les petits fours, les sandwiches... des vioques pique-assiette tout à fait au point.

S'amènent mes confrères... Albert Simonin, le seul, l'unique, le prince de l'argot, Louis Nucera avec son accent et le gang des Niçois... Georges Walter, sa voix d'or. René Fallet et sa musette SNCF... il me décerne le prix Nobel de la pègre... Antoine Blondin, ses feux d'artifice verbaux... bien d'autres, je n'arrive déjà plus à les apercevoir... les journalistes, le caricaturiste Jacky Redon... je gaffe sa tignasse de mouton au milieu des têtes... les gens du cinoche, de la chanson... Guy Béart, pas le temps de lui dire deux mots, on m'happe ailleurs, merde ! On me veut tout cru pour France-Dimanche... que je raconte mes instincts sexuels. Je frime les mignonnes, des admiratrices juvéniles... Ça n'empêche que Manouche se pointe, elle me congratule au nom de Carbone et Spirito. Je succombe... on m'écrase la louche, les harpions, on m'arrache presque le froc... les sportifs, mes copains de la boxe française... Dédé Pousse, l'homme des « Six Jours »... les échotiers, le philosophe Dubois à la moustache stalinienne. Les ailes succombent, le centre tient. J'embrasse, je me régale, je pelote, c'est pas tous les jours qu'on peut se passer comme ça les fantaisies. J'en arrive que je sais plus qui m'appelle, m'interpelle, m'applaudit... Tout de même je ne rêve pas, voici « Casque d'Or ». Simone Signoret qui me serre sur son cœur en vitesse, qui s'est déplacée spécial...

Ça se termine, les fiestas, difficile. On arrive plus à se décoller... On s'effiloche les uns et les autres. On aboutit rue des Prouvaires, chez Jacques et Denise, à la « Tour Montlhéry » où becta en l'an de grâce 1974 le Roy Giscard avec sa mémène et ses mômes. On poursuit vaille que vaille l'euphorie. On gambille même la java... la valse à l'envers... un accordéoniste à tête de Robinson Crusoé est arrivé là on ne sait pourquoi... peut-être que c'est un absent qui nous l'envoie... Breffort dit La Gelée ?... Paul Frankeur ?... Cherel le lanternier de la magie ? André Hardellet, le poète ?... A moins que ce ne soit le bouquiniste Ferdinand Teulé, ou bien Gégène, le grand Gen Paul qui me siffle au loin et qui vient me dire... j'entends encore sa voix qui roule sur les pavés de la Butte...

— Bravo, gros mec !

En écho elle m'arrive... elle continue... bravo, gros mec !

8

Avec l'argent du Renaudot, Alphonse, en bon père généreux, va aider son fils à ouvrir le magasin de motos de ses rêves. Assez curieusement, d'ailleurs, ce magasin, par une suite de circonstances, il l'installera en face de la prison de Fresnes. Avec comme enseigne : « La moto c'est l'évasion ». Et Alphonse va pouvoir déménager dans un bel appartement bourgeois du IXe arrondissement. Il fait poser une solide porte blindée. Je lui en fais la remarque.

« Ce que je redoute, c'est les baluchonneurs. Ils vous cassent la lourde, ils entrent et ils embarquent la télévision, la collection de timbres, le chien-chien à sa mémère en porcelaine. Ça c'est détestable. Un vrai casseur, il veut quelque chose de précis, ouvrir un coffre par exemple, il rentrera. Je décourage les petits, c'est tout. Tout le monde en a ici des portes blindées. Au début, il n'y avait pas de code en bas, tous les clodos venaient ronfler dans le couloir. Il peut leur prendre une idée, ils grimpent, ils cassent la porte, ils font un dégât du diable, ils chient dans le couloir et ils bouffent les restants de macaroni qu'il y a dans le frigo. Je ne vois pas l'intérêt de se faire pirater comme ça. Quant aux grands pros, c'est pas chez moi qu'ils vont venir faire un casse. Ils savent bien que j'ai un carnet de chèques, ils vont trouver à la rigueur mille balles, s'en foutent.

— Si tu as tiré un trait définitif sur ton passé, est-ce que le passé, lui, a tiré un trait définitif sur toi ?

— Il y a une période où pas mal de types qui sortaient de taule accouraient ici m'apporter leur livre écrit en cellule. Alors là, faut faire très attention ; faut surtout pas l'ouvrir, surtout pas le lire : immédiatement le confier à un éditeur. Parce que si t'as le malheur d'avoir écrit un truc qui ressemble, alors aussitôt ils crient au plagiat, sortent leur revolver...

— L'exemple Boudard...

— Je n'étais pas le premier, mais de tous temps ça a griffonné dans les prisons, parce que dès que les gens sont tout seuls comme ça, quand ils ont un tant soit peu de savoir-écrire, ils font des poèmes, racontent leur histoire. Maintenant ils doivent écrire moins parce qu'ils ont la radio et la télévision. Dans le fond, je bénis cette époque où on n'avait même pas le droit d'avoir un journal parce que c'est comme ça que j'ai été obligé d'écrire. Si j'avais eu *Dallas* à regarder toute la journée, je serais devenu complètement abruti.

— Alors ce passé qui te retrouve ? Ça peut t'inquiéter ?

— Pas du tout, au contraire, j'ai gardé à peu près dans les endroits où j'ai vécu d'assez bonnes relations avec les gens avec qui je me suis trouvé. Il y en a c'est maintenant englouti, chercher des anciens des hôpitaux, je ne peux pas les retrouver. Mais j'ai des relations les plus diverses et tout se passe très bien. J'ai des copains truands qui sortent de temps en temps de taule. Ils m'écrivent de la Santé. Non, je n'ai rien à renier nulle part.

— J'imagine que tu dois être amnistié maintenant ?

— Non, je ne suis pas amnistié complètement. Je

devrais être réhabilité. Il y avait une histoire de pognon à donner. On m'a dit : " Vous êtes réhabilité mais il faut donner dix briques. " J'ai dit : " Écoutez, je reste complètement marginalisé, allez vous faire voir ! "

— Ça représente quoi ?

— Rien du tout, simplement que je ne vais pas voter. Comme ça je suis à l'abri d'une tentation détestable. Je ne suis pas démocrate, je ne crois pas du tout à la loi du plus grand nombre.

« Ces gens qui gouvernent... Je dis qu'il y a toujours le combat des salauds contre les dingues. Mais il y a des dingues parmi les salauds et des salauds parmi les dingues. C'est là où c'est difficile. Alors quand on a une grande période de dingues, c'est la révolution, et quand on a une grande période de salauds, c'est la tyrannie. On oscille entre les deux. Quand on est entre les deux on vit pas mal. Entre 45 et maintenant, à part deux/trois événements, on a pas trop mal vécu. »

Suit une période de silence, destinée sans doute, à méditer. Je connais bien cette philosophie politique boudardienne que l'on retrouve dans plusieurs de ses livres ; sa théorie des fous et des salauds, son profond pessimisme, qui cadre assez bien avec sa destinée d'amuseur. Ils le sont tous ou à peu près : son grand ami Raymond Devos, pas très gai, celui-là non plus, en privé.

Je m'aperçois que, pendant que je réfléchis, prends des notes, Alphonse m'a oublié. Il est reparti dans l'écriture et couvre des pages, inspiré et redevenu souriant, souriant de l'intérieur, dirait-on.

Est-ce que je le connais bien ? Est-ce que ce livre, qui raconte tant bien que mal sa vie pleine de trous (et de cachettes), explique, dépeint, décortique bien le personnage ? Il y a une méthode, qui en vaut une autre, qui permet peut-être d'aller plus avant : c'est le fameux questionnaire de Proust, qu'il avait imaginé comme une sorte de révélateur universel. Voici les réponses qu'Alphonse a faites il y a quelques années.

Quel est, pour vous, le comble de la misère ?
Être pauvre et vieux.
Où aimeriez-vous vivre ?
N'importe où.
Votre idéal de bonheur terrestre ?
Je n'ai pas d'idéal.
Pour quelles fautes avez-vous le plus d'indulgence ?
Les miennes.
Quels sont les héros de roman que vous préférez ?
Filochard, Ribouldingue et Croquignol.
Quel est votre personnage historique favori ?
Armand Fallières.
Vos héroïnes favorites dans la vie réelle ?
La Grosse Mimi, la Grande Catherine et la Petite Loulou.
Vos héroïnes dans la fiction ?
Bécassine, la Mère Michel et le Grand Meaulnes.
Votre peintre favori ?
Adolf Hitler.
Votre musicien favori ?
Louis-Ferdinand Céline.
Votre qualité préférée chez l'homme ?
La discrétion.
Votre qualité préférée chez la femme ?
Réponse passible des articles 282, 285, 287, 289, 290, 59 et 60 du Code pénal.
Votre vertu préférée ?
La paresse.
Votre occupation préférée ?
Ne rien faire.
Qui auriez-vous aimé être ?

Louis XV dans le Parc aux Cerfs.

Le principal trait de mon caractère ?

Mauvais.

Ce que j'apprécie le plus chez mes amis ?

Qu'ils me fassent marrer.

Mon principal défaut ?

La littérature.

Mon rêve de bonheur ?

Tenir un clandé.

Quel serait mon plus grand malheur ?

Aller voter.

Ce que je voudrais être ?

Sans relations avec le percepteur.

La couleur que je préfère ?

Le gros rouge et le petit blanc.

La fleur que j'aime ?

La fleur de l'âge.

L'oiseau que je préfère ?

Le chat.

Mes auteurs favoris en prose ?

Léo Hamon et le général Gamelin.

Mes poètes préférés ?

Landru, le docteur Petiot et Déroulède.

Mes héros dans la vie réelle ?

Les miens sont fatigués.

Mes héroïnes dans l'histoire ?

Marie Besnard, Brigitte Bardot et la Madelon.

Mes noms favoris ?

Bébert, Tatave, Gégène et Popol.

Ce que je déteste par-dessus tout ?

Le poireau dans la soupe.

Caractères historiques que je méprise le plus ?

Une certaine idée de la France, etc.

Le fait militaire que j'admire le plus ?

La drôle de guerre.

La réforme que j'admire le plus ?

La n° 2. Celle de mon livret militaire...

Le don de la nature que je voudrais avoir ?

De me transformer en courant d'air au moment adéquat.

Comment j'aimerais mourir ?

De plaisir.

État présent de mon esprit ?

Disponible.

Ma devise ?

Pas vu pas pris.

Commentaire de texte : l'auteur, dans ce questionnaire, se révèle apparemment dénué de tout sérieux : c'est ainsi qu'il prétend admirer par-dessus tout le président Fallières, homme politique bien oublié de la Belle Époque, ou Léo Hamon, auteur de textes politiques du début du gaullisme. De même que l'on peut être choqué de le voir citer Landru ou le docteur Petiot comme poètes préférés, les textes de ces criminels n'étant pas connus.

Ne plaisantons plus : il n'y a rien de plus sérieux que la plaisanterie, a dit Alphonse à propos de son travail dans *la Méthode à Mimile.* Ce questionnaire le révèle admirablement. Avec des réponses qu'auraient pu faire, je crois, Céline, Cavanna, Brassens... Tous les mêmes, qui détestent d'abord les cons, la connerie sous toutes ses formes, celle de Déroulède ou des messieurs importants et toutes les crétinisations patriotiques ou idéologiques.

Relisez-le, c'est tout lui. Mauvais caractère, c'est-à-dire, aime pas la connerie. Son rêve, ne plus être obligé (à cause du percepteur) de bosser, son regret, la jeunesse, la musique qu'il préfère, celle du *Voyage au bout de la nuit...* Voilà Boudard... et par-dessus tout, il aurait tellement aimé être Louis XV dans le Parc aux Cerfs, un endroit qu'il a beaucoup, mais alors là beaucoup fréquenté.

8

Côté Parc aux Cerfs, j'ai voulu en savoir davantage... avec lui, impossible ; il est plus que secret, fermé comme dans un commissariat de police dans ses années noires... une vieille habitude. Alors j'ai essayé quelque chose de très étrange pour moi, l'astrologie : cela me rend plutôt méfiant, mais vous allez voir que les conclusions sont très intéressantes. Je me suis adressé à une spécialiste réputée, Mme Danielle Le Foll. Je l'avais choisie pour sa compétence reconnue, mais aussi parce que, après un bref entretien, je m'étais rendu compte qu'elle n'avait pratiquement jamais entendu parler d'Alphonse (ça existe) ni lu ni vu de photo. C'est d'autant plus troublant.

Il s'agit là d'une personnalité extravertie, dont la nature bien ancrée est végétative et instinctive — c'est-à-dire qu'elle ressent plutôt que pense et intellectualise. Pour l'intéressé, l'essentiel réside dans le contrat social qui est le sien et qui lui permet d'accéder à une création à caractère essentiellement féminin, fécond. Je dis féminin parce que c'est une création sensuelle, venant du corps, sans rien de ce que l'on trouve fréquemment de superficiel ou d'aride dans la création masculine, au contraire, elle est généreuse, riche, et surtout, j'insiste, très sensuelle.

C'est une personnalité qui sent, désire, assimile et trans-

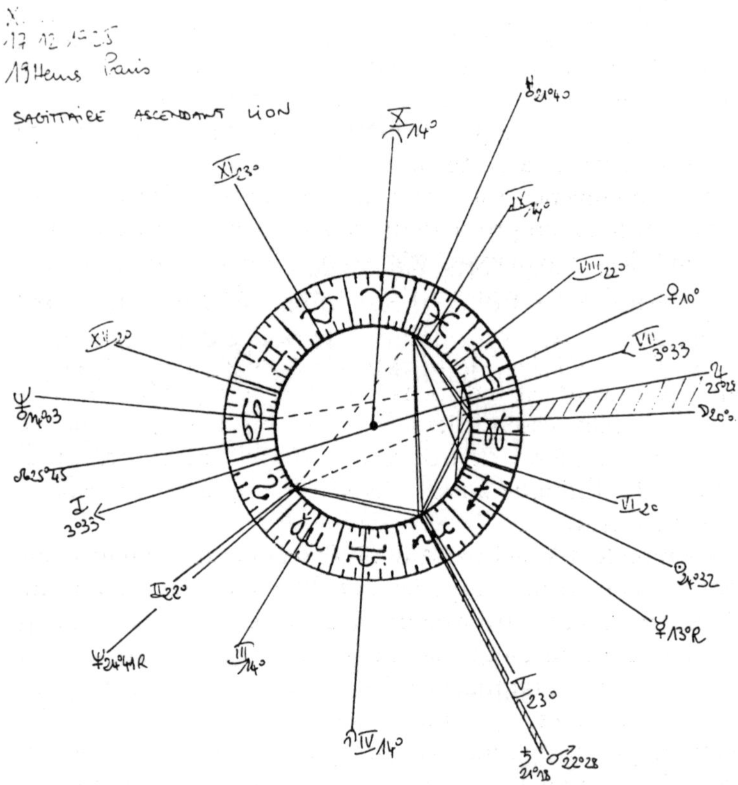
19 Heures Paris
SAGITTAIRE ASCENDANT LION

mute les choses de la vie dans sa créativité personnelle ; son imagination est très riche et prolixe et va lui permettre de sensibiliser son environnement, ceux qui l'entourent, à son monde intérieur.

Quel est-il ?

Son identité profonde est vécue bien soudée aux racines terrestres, lente et sensuelle, sur le mode de la séduction des choses. Bien installé dans le monde, son identité propre ne lui pose pas de problèmes existentiels, mais va être l'outil idéal pour vivre sa destinée.

Son intelligence est très habile et mobile, furetant sans cesse, butinant en profondeur, vers le caché, l'obscur, toutes les alvéoles imaginables, elle est très généreuse, donnante et susceptible de générer des crises d'identité pour l'intéressé.

La place de la femme est prépondérante, elle est la matrice qui lui est indispensable pour se régénérer, se ressourcer, mais essentiellement pour lui permettre de se dépasser lui-même, de trouver sa propre femme/mère intérieure. (Je distingue aussi dans son thème une vision de la maman-putain.)

Le monde des plaisirs, le pouvoir d'aimer de l'intéressé est très présent, solaire, impérieux et vaste dans son champ de vision. Il devrait y trouver une expansion naturelle et bienfaisante avec mélange d'enthousiasme et d'extase — un doigt de protectorat machiste ? —, tyrannie personnelle pour ce corps d'athlète quelque peu enrobé qui aime la table, méthodique, analytique dans son travail, sans aucun doute il l'est ; il sait rationaliser, observer et intégrer l'expérience des autres à merveille, le monde concret est une réalité tangible dont il ne fait pas abstraction et où il guette l'étincelle de génie.

C'est un être émotionnel, il va projeter son identité propre dans ses relations aux autres et les vivre sur le mode du désir, avec un objectif permanent : SENSIBILISER. C'est dans son ouverture à l'autre qu'il va trouver une véritable renaissance, son second souffle. Il va s'impliquer profondément dans sa participation sociale, essayant d'en extraire la substantifique moelle des profondeurs, c'est un amant du social à l'impulsivité et la combativité inépuisables, car il courra toujours un mètre de plus que vous.

Il sait partager ce qu'il a avec les autres, avec générosité et intelligence, mais cela n'a rien de gratuit. Ce partage est au contraire impératif pour lui, pour trouver son identité d'homme, il y dore son icône particulière et y excite sa sensualité naturelle.

Il vit le collectif en bon vivant, en assimile très bien les composantes et va être en mesure de représenter, stigmatiser les courants d'une époque.

Que va devenir cet homme d'expérience ?

Destin lunaire, pas une lune chétive et rabougrie, guettant l'imaginaire de poètes fatigués, non, une lune, une femme, une végétation luxuriante et épanouie où l'instinct règne.

Il sera créateur de nymphes à aimer qui justifient leurs rôles et ne sont pas de simples accortes servantes. L'ouverture du cœur aura là un rôle fondamental ; sensibilité à la technique visionnaire intelligente et surprenante, l'intéressé va ainsi transmuter, métamorphoser de manière prolifique ses talents personnels.

L'amitié aussi y trouvera son compte, amis originaux, créatifs, révolutionnaires seront nourris à la fontaine du verbe de l'intéressé.

Il reste apparemment distant par rapport à la vie de l'autre, mais en a une très grande perception, une grande plasticité psychique qui sera source de bilans foudroyants, inattendus, à intégrer pour continuer de vivre. Il peut se fondre totalement dans la sensualité mais le manque de contour des mondes n'est pas sécurisant pour lui et génère ses épreuves. J'ai vu un monde considérable d'épreuves très pénibles, subites et soudaines : y seront vécues des blessures profondes du corps (maladies graves, enfermements) qui sont pour l'intéressé la raison de son existence, un point d'ancrage fondamental lui permettant de créer.

Ses planches de sauvegarde : le langage et l'amitié au cours d'un bon repas. Je lui souhaite d'y progresser, à ce conservateur généreux.

9

Alphonse va continuer à faire du cinéma — *le Gang des otages*, de Molinaro, *Flic Story*, pour Alain Delon, mais il s'est surtout attelé, avec une sorte de frénésie, à la suite de la petite chronique boudardienne. En 1979, *le Corbillard de Jules*, prodigieux bouquin, plein de verve, de santé... je ne vais plus vous infliger les critiques, les louanges de nos plus grands écrivains, à longueur de pages... je le regrette, j'ai sous les yeux ces éloges tellement flatteurs, tellement passionnés... mais on va m'accuser d'être trop partial, complaisant envers mon sujet. Pour ceux qui ne l'avaient pas encore remarqué, j'essaie d'être objectif... c'est difficile, je l'aime, ce Boudard, si marrant.

Alors je n'en suis que plus libre pour dire les réserves que je peux formuler sur *le Banquet des léopards*, paru en 1980, ouvrage un peu disparate, malgré des fulgurances, comme cette description du SS masturbateur, que j'ai citée plus haut... *les Enfants de chœur*, en 1982, est, lui, une petite merveille ; mais petite, car recueil de nouvelles, genre peu prisé en France. Je recommande aux gourmets « la chorale d'assassins », un vrai régal. C'est surtout en 1983, avec *le Café du pauvre*, qu'Alphonse renoue avec le grand succès et la grande tradition boudardienne. Inspiré et féroce, il raconte, on l'a vu, l'errance de la fin de la guerre qui va le mener au banditisme.

Pendant toute cette période où il est fêté, adulé, télévisé, Alphonse n'est pas entièrement satisfait. Il garde une plaie secrète, parce que tout ça ne lui suffit pas. Dans le fond de son cœur, il veut autre chose : cet « autre chose », c'est le théâtre. Presque en cachette, comme s'il s'agissait d'une activité honteuse, il écrit pièce sur pièce, avec une sorte de délectation : en fait, je crois qu'il adore le théâtre, parce que c'est du dialogue à l'état pur. Même au cinéma, il faut passer par tout un ensemble de descriptions, de situations, de combinaisons à échafauder, avec de multiples interventions extérieures, fatigantes et le plus souvent médiocres. Au théâtre, on polit son diamant tout seul, les arêtes bien lisses, bien coupantes, que ça, l'essentiel.

Il va écrire quatre pièces : *Gladys,* déchirante histoire d'épave, *les Sales Mômes,* parabole sur la méchanceté qui va être jouée au théâtre Marigny en 1983 sans avoir le succès qu'elle mérite, une très étonnante *École des voyous* où il se tourne lui-même en dérision, et ce qui est sans doute l'un de ses chefs-d'œuvre, *Appelez-moi chef.*

J'ai choisi de vous présenter la première scène de cette pièce. Vous verrez, je crois que c'est fort, très fort :

ALPHONSE BOUDARD

APPELEZ-MOI CHEF!

Pièce en trois actes

NOTE

Les rôles de Fred Malbuaux
Marcel Brodovicht
Philippe Bassinger
Le Dr Félix
Jeannot le Stéphanois
François Fromont
Lisa le travesti
Gérard Semondi
Pierre Anturand
pourront être interprétés par un seul comédien, les six personnages féminins par une même comédienne.
Trois ou quatre comédiens pourront jouer les autres rôles. Sauf Octave Célestin, le maton, qui sera interprété par le même comédien.

Acte I

Nous sommes dans une cellule de prison. Vraisemblablement Fresnes. Cette cellule est évoquée le plus sommairement possible. Par des jeux d'ombre et de lumière. Par les bruits divers de la prison : chariots de soupe, portes qu'on ouvre et referme brutalement, etc.

Un détenu en tenue de droguet est là devant une table, assis sur un tabouret. C'est un homme d'une trentaine d'années. Il plie de grandes enveloppes à un rythme très rapide. Les enveloppes sont réparties en deux tas de chaque côté de la table. Le détenu prend une enveloppe sur le côté gauche, la plie et la met sur le tas de droite.

Il est dos au public.

On entend, venant de très loin, une musique de danse 1938. Un tango par exemple. Le détenu s'arrête de travailler pour écouter un peu cette musique.

Sa pause ne sera que de courte durée... On tape des coups dans la porte et la voix du maton se fait entendre.

LE MATON

Alors ?...

(Le détenu regarde la porte sans réagir.)

Alors se fait entendre le bruit caractéristique des grosses clés de prison qui tournent dans leur serrure et la porte s'ouvre brutalement.

Le maton, un gros homme rougeaud, entre dans la cellule. Il a l'uniforme des gardiens de prison d'avant-guerre. Sur la tête, un petit képi semblable à celui des facteurs de la même époque. Le maton a le ton rogue, l'air mauvais. Dès qu'il est entré, le détenu s'est redressé pour se mettre au garde-à-vous. On sent qu'il s'efforce à être bête et discipliné mais qu'il bout intérieurement.

LE MATON

T'as envie de descendre au mitard, petite tête de con ?

LE DÉTENU

Non, chef...

LE MATON

Si tu restes à rien foutre, c'est pourtant ce qui va t'arriver.

(Le maton s'approche de la fenêtre et passe sa clé sur les barreaux pour vérifier s'ils sont intacts. Il revient vers le détenu et le toise de haut en bas.)

LE MATON

Le règlement, faudra voir à te le foutre dans la tête. Compris ?

(Le détenu regarde le maton d'un air un peu goguenard. Il va lui répondre avec toutes les marques du respect qu'un prisonnier doit à un surveillant, mais avec un rien d'exagéré qui laisse entendre qu'il n'est pas dupe de la comédie qu'on l'oblige à jouer.)

LE DÉTENU

Oui, chef.

LE MATON

Repos. Alors, c'est toi Malbuaux?

LE DÉTENU

Matricule 7215, cellule 118, chef!

LE MATON

T'as raison, ici Malbuaux, ça n'existe plus.

MALBUAUX

Je sais, chef...

LE MATON

Vingt ans et la relègue... Tu ressortiras plus, Malbuaux.

MALBUAUX

C'est bien normal, chef.

LE MATON

Dommage qu'ils aient aboli la Guyane, t'aurais été là-bas te laver les panards.

MALBUAUX

Dans un sens, vous avez peut-être raison, chef... c'est dommage.

(Le ton du maton s'est radouci.)

LE MATON

Tu peux te rasseoir. (Le détenu obéit.) *On va t'expédier en Centrale... à Clairvaux ou à Poissy. Tu me regretteras, tu verras.*

MALBUAUX

Certainement, chef...

LE MATON

Mes collègues en Centrale, ils seront disposés à ton égard comme des chacals après une charogne, si tu vois ce que je veux dire ?

MALBUAUX

Tout à fait, chef...

(Le maton s'assoit sur le bord du lit en fer déplié dans un coin de la cellule.)

LE MATON

T'en as fait combien depuis ce matin ?

(Il désigne le tas d'enveloppes du menton.)

MALBUAUX

Huit cents, à peu près.

LE MATON

Chef... on dit : huit cents à peu près, chef... Faudra que t'en fasses mille si tu veux que le brigadier te note bien.

(Petit silence. Malbuaux s'enhardit et questionne.)

MALBUAUX

Paraît qu'il va y avoir la guerre. (Il hésite.) *... chef !*

LE MATON

Eh là, où tu vas, toi !... J'ai rien le droit de dire aux détenus.

MALBUAUX

On pourra peut-être s'engager pour aller en première ligne.

LE MATON

Pour que tu passes chez Hitler dès que l'occasion s'en présentera ? Tu prends pas la République pour une de tes putes par hasard ?

MALBUAUX

Ça me permettrait de me racheter... en première ligne. Nettoyeur de tranchées.

LE MATON

En tout cas, c'est pas moi qui décide. (Il se met à se rouler une cigarette tout en parlant.) *Je suis juste là pour te garder au frais et pour t'apprendre la discipline qui fait la propreté morale des prisons, si tu vois ce que je veux dire.*

MALBUAUX

Tout à fait, chef.

(Le maton allume sa cigarette et souffle la fumée de la première goulée qu'il rejette dans le nez de Malbuaux.)

LE MATON

Quand tu seras en Centrale, caïd de mon cul, si tu te tiens bien, au bout de trois mois t'auras un galon de bonne conduite... ça te donnera le droit à une cigarette tous les deux jours et à un quart de pinard par semaine.

MALBUAUX

La grande vie, chef !

LE MATON

Rigole pas, salopard !... Tu vas en chier des roues de brouette. Au bout d'un an, ta mère, elle te reconnaîtra plus.

MALBUAUX

Je suis de l'Assistance publique, chef.

(Surprise du maton. Il se lève.)

LE MATON

Ça, alors ! Merde ! On est comme qui dirait des frangins !

MALBUAUX

Vous aussi, chef... vous...

LE MATON

Moi aussi... T'as été placé ?

MALBUAUX

Chez des paysans, dans la Sarthe... jusqu'à onze ans.

LE MATON

Il pleut dans la Sarthe. Dans le pays cauchois aussi, il pleut.

MALBUAUX

Vous étiez par là, chef?

LE MATON

Oui, jusqu'à mon régiment. Chez un paysan pas commode, près de ses sous, et qui avait son alambic pour se faire son calvados. J'ai pour ainsi dire été élevé au jus de pomme, si tu vois ce que je veux dire?

MALBUAUX

C'est la meilleure école pour devenir chef, chef!

LE MATON

Ça, j'ai jamais eu de vers pour venir me bouffer le trou du cul. (Petit silence.) *Alors, toi, t'as mal tourné?*

MALBUAUX

La preuve...

LE MATON

C'est malheureux, tu crois pas que ç'aurait été mieux que tu deviennes fonctionnaire comme moi?

MALBUAUX

Chacun sa destinée, chef. Il en faut des comme moi pour qu'il y en est des comme vous.

LE MATON

T'as fait la Vingt et une?

MALBUAUX

A Eysses, chef.

LE MATON (sifflotant :)

Ben, dis donc, Eysses, c'est pas de la nougatine. J'ai eu un collègue qui a travaillé là-bas... ils l'ont pas gardé rapport qu'il était pas assez sévère avec les gosses... Et pourtant, Legrivel, moi, je me suis jamais aperçu que c'était un tendre.

MALBUAUX

C'est une question de point de vue, chef.

(Le maton va vers la porte.)

LE MATON

Bon, c'est pas tout ça, mais je devrais pas faire la causette avec toi. Hein... ici... c'est la règle du silence.

MALBUAUX

Ça faisait quinze jours que je n'avais pas parlé, chef... sinon...

LE MATON

Sinon quoi ?

MALBUAUX

Rien. Mais je n'avais jamais jacté avec un chef. Y a un commencement à tout.

Les détenus vont changer, au cours des années, le chef, le gardien, le symbole va rester, immuable, comme s'il était le cinquième mur de la cellule. On éprouve, à la lecture de *Appelez-moi chef* un serrement de cœur : c'est un condensé saisissant et féroce de toute l'horreur carcérale. Un poing fermé. Que l'on prend en pleine figure. Pourquoi cette pièce si puissante n'a pas été montée ? Mystère. Boudard a peut-être joué contre Boudard : le monde parisien n'aime que les certitudes. Celle de la bonne rigolade boudardienne, par exemple. Là, c'était autre chose. A suivre : ce talent-là lui sera reconnu, un jour.

10

Si j'avais publié un livre en 1984, je pourrais sans doute vous dire quel serait l'événement culturel le plus important de l'année.

Blague à part, je me sens bien embarrassé pour répondre à une pareille question. Même un événement historique ou scientifique qui va conditionner l'avenir peut échapper à ses contemporains. Nous sommes si futiles, si préoccupés d'être à la mode qu'on finit en toute bonne foi par accorder du crédit à ce qui ne mériterait, toute conscience pesée, qu'un regard amusé, distrait.

Dans les années 1900, au théâtre, on encensait dans les rubriques de journaux tout ce qu'il y a de sérieux des pièces empesées, boursouflées de mots creux, de sentiments excessifs, de faux-semblants, de tape-à-l'œil et on considérait Feydeau comme un auteur de boulevard qui ne lésinait pas sur les gros moyens du boyau de la rigolade. Quatre-vingts ans plus tard, on joue toujours Feydeau, il a même accédé à l'olympe du Théâtre-Français et les auteurs qui retenaient l'attention louangeuse des chroniqueurs de la Belle Époque ont disparu. Corps et phrases. Plus une de leurs scènes à jouer, même dans une Maison de la Culture, sans sombrer dans l'ennui, le ridicule. Ils appartenaient au monde de la mode... et la mode, on le sait, se démode. Ils sont devenus des fantômes qui ne hantent même plus les derniers salons de province.

Quel sera le sort, par exemple, de Bernard-Henri Lévy dans un demi-siècle ? Fort probable qu'on le confondra avec quelqu'un d'autre, un homonyme dans la recherche scientifique ou le créateur du jeans. Il vieillira fatalement en tout cas, en regard de ce qu'il a écrit jusqu'ici, parce qu'il est manichéen. Il aura sans doute sa petite rue dans le XVIe arrondissement qu'il aura finalement pas si mal représenté dans la postérité des barricades soixante-huitardes.

Sartre se démode vitesse grand V. Il a encore des partisans dans les universités qui réussissent à nous le faire prendre pour un classique en l'introduisant dans la collection " La Pléiade ". Ça participe du terrorisme intellectuel. Sartre, de la sorte, tiendra le coup dans les manuels scolaires, dans les thèses de nos nouvelles femmes savantes.

Et pourtant ce directeur de conscience s'est trompé sans arrêt depuis Munich jusqu'à Mai 68... cet auteur engagé n'a écrit qu'un tract ronéotypé après le 16 juin 1944 à l'usage de quelques comploteurs du Café de Flore... cet auteur dramatique avait un tel souci de démonstration qu'il n'est déjà plus jouable... Qui aujourd'hui pourrait monter Morts sans sépulture ?... *ce romancier ne se laisse jamais aller au plaisir de raconter... ce philosophe... alors là, je ne dis plus rien, je n'y pige que dalle ! C'est du langage de spécialistes et je ne suis qu'un homme de la rue.*

Pour en revenir à cet événement culturel 1984... c'est peut-être la naissance d'un écrivain qui va bouleverser le XXIe siècle. C'est peut-être un livre que les critiques n'ont pas remarqué. Savoir !

Je me défile, allez-vous dire... Bon. S'il faut que je me mouille absolument, je dois dire que le Stendhal comme Stendhal *de Jacques Laurent me semble un chef-d'œuvre d'intelligence, d'érudition maîtrisée, de souplesse de langage et de cette clarté sans laquelle, disait Rivarol, on n'est pas français.*

Je dirais aussi qu'on a posé en novembre une plaque sur la maison de Marcel Aymé, avenue Junot.

Voilà tout. Le reste, c'est du ressort de M. Jack Lang, notre ordonnateur en chef des pompes culturelles, qui sait si bien distribuer les médailles en chocolat pour les petits gourmands de la gloire.

11

J'écris actuellement un livre sur la fermeture des maisons de tolérance pour la collection " Ce Jour-là " chez Robert Laffont[1]*. Il s'agit du 13 avril 1946, date à laquelle l'Assemblée nationale décida de fermer les maisons closes en ouvrant paradoxalement leurs volets.*

La tolérance était un sorte d'institution officieuse qui permettait aux divers gouvernements depuis Napoléon Ier de faire en quelque sorte la part du feu. La prostitution étant inévitable, autant la contrôler le mieux possible. C'était donc avant tout une affaire de police. Aujourd'hui bien sûr, on en voit le côté, si je puis dire, artistique, folklorique. La maison de tolérance, devenue une institution, avait évolué durant plus d'un siècle dans différentes directions et certains bordels, par leur raffinement, leur décor, inspiraient les plus grands peintres et les meilleurs poètes.

Le One-Two-Two, le Chabanais, ou le Sphinx, représentaient la face en quelque sorte glorieuse, le nec plus ultra *des bordels. Le prince de Galles, le comte Ciano, tous les grands-ducs, toutes les gloires de la IIIe République honorèrent de leur clientèle ce genre d'établissement. Il y avait aussi, en province, les Maisons Tellier ou Phili-*

1. Article paru dans *Paris-Village*.

bert. Des îlots champêtres, style pension de famille, où venaient s'initier aux choses de l'amour les jeunes gens de bonne famille. Avant la pilule, seul le bordel était accessible aux collégiens ou aux soldats pour baiser à la bonne franquéquette.

Jusque-là, on s'en sort... on peut défendre la tolérance mordicus. Elle ne présente à peu près que des avantages. Le cadre est agréable... les maboules, les infirmes et les demeurés, autant que les simples consommateurs de dames, y trouvent leur compte. Sur le plan prophylactique, on a le minimum de risques. Le bordel joue, en outre, un rôle social en étant l'abcès de fixation de la sexualité masculine.

Restent ce qu'on appelait les taules d'abattage... comme le Fourny, le Panier fleury, ou le Grand 9 du boulevard Blanqui. Les filles s'y faisaient les hommes à la chaîne... (jusqu'à soixante-dix ou quatre-vingt-dix par jour). Minima d'hygiène. Plus aucune poésie. L'assommoir du sexe.

Au Conseil municipal de Paris, en décembre 1945 et ensuite à l'Assemblée nationale, c'est avant tout la fermeture des maisons d'abattage que les parlementaires ont demandée et obtenue. Personne ne pouvait prétendre que les pensionnaires de ces endroits n'étaient pas exploitées de la façon la plus odieuse... que régnait là, le mac roi... le proxénétisme dans toute son horreur. Une fille prise dans cet engrenage ne s'en sortait jamais. C'était ni plus ni moins une esclave... Bien au-dessous de l'animal qui vit au moins dans la pureté de l'instinct.

Marthe Richard, bien sûr, a joué un rôle dans cette affaire de la fermeture des maisons. Rôle ambigu d'ailleurs et que je vais mettre en lumière dans mon livre. Elle a servi de détonateur à l'affaire, mais je crois que de toute façon le système de la tolérance était condamné à plus ou moins brève échéance, ne serait-ce qu'au nom des droits de la femme.

En 1945 s'ajoutait aux problèmes particuliers de cette forme de prostitution l'attitude de beaucoup de tenanciers et de souteneurs durant la guerre. Ils avaient été pour le moins complaisants à l'égard des occupants, certains n'hésitant pas à mettre la main à la pâte dans les cuisines de la Gestapo française, appelée Carlingue par le milieu.

Les démocrates-chrétiens, qui formaient un nouveau grand parti, le MRP, voulaient la fermeture au nom de la morale ; les communistes, qui représentaient à l'époque le tiers du corps électoral, se sont alliés à eux par souci d'épuration puisqu'il fallait châtier les traîtres, les auxiliaires du nazisme. Les socialistes, pris entre deux feux, ont suivi le mouvement. A part M. Le Troquer, alors ministre de l'Intérieur, qui fit tout ce qu'il pouvait pour laisser le projet au placard. Quand on se souvient que par la suite André Le Troquer fut compromis dans une affaire de ballets roses, on comprend mieux les motivations de cet honnête homme qui n'aurait pas eu d'ennuis, disait Mauriac, s'il avait été simplement un écrivain de l'Académie française.

Durant les débats, la question fut abordée de savoir ce qu'allaient devenir les putes après la fermeture des maisons. Bien entendu, les bonnes âmes annoncèrent un gros effort de la part du gouvernement pour la réinsertion de ces malheureuses. Et aussi une lutte sans merci contre le proxénétisme. Nous allions vers une société nouvelle où la prostitution n'aurait plus de raison d'être.

Rêve tout à fait utopique. J'ai de bonnes raisons de croire — et quelques preuves à l'appui — que ces messieurs les tauliers, dès qu'ils eurent la conviction que les bordels avaient fait leur temps, n'ont pas perdu une minute pour opérer une reconversion éclair. Et ce fut la *période — trente ans environ — des hôtels de passe. Au lieu du bon bordel d'antan, dès 1947, les filles opéraient dans les chambres de passe des quartiers dits chauds des grandes villes. Le patron — ex-tenancier de maison close — se couvrait avec un gérant mâle ou femelle. Ce personnage essuyait les plâtres en cas de dèche avec les flics... par exemple, il allait en prison pour proxénétisme hôtelier. Il en était ensuite dédommagé royalement. Les filles étaient placées, attachées en quelque sorte à un hôtel comme elles l'étaient auparavant à une maison close. Simplement elles tapinaient sans être à l'abri des intempéries.*

On n'avait rien changé à leur sort. Elles échappaient souvent aux visites médicales, elles montaient autant de clients avec moins de confort et de sécurité. Les jules encaissaient et les patrons d'hôtels se la faisaient grasse et crapuleuse sans même rencontrer les représentants de la Police mondaine.

Ceux-là étaient les grands perdants de la fermeture. Le bordel était pour eux une source inépuisable de renseignements de toutes sortes. Comme ils donnaient, par le truchement des municipalités, le droit d'ouvrir les maisons, ils tenaient tout le monde et ils savaient tout sur les clients, leurs vices secrets, leur situation sociale, etc. Quant aux macs, c'étaient leurs meilleurs indics. Pour exercer leur profession sans problème, ils donnaient père et mère et surtout leurs petits potes casseurs ou braqueurs.

Aujourd'hui les studios ont remplacé les hôtels de passe, les macs n'ont plus le costard croisé, la cravate claire sur chemise foncée et les pompes en croco... les filles tapinant en jeans et les flics font ce qu'ils peuvent pour mettre ce joli monde en mesure de leur être utile.

Voilà. Les réformateurs de 1946 n'ont rien réformé du tout... la prostitution et le proxénétisme se portent bien en dépit de la libération féminine. Promenez-vous dans

Pigalle, Saint-Denis, Barbès, les bois de Boulogne et de Vincennes, etc. Paris est devenu une sorte de lupanar en plein air.

Peut-être cette situation amènera-t-elle quelques législateurs, sans doute libéraux et avancés, à rétablir la tolérance. Mais on ouvrira alors des Eros centers, *comme en RFA, lieux de débauche aseptisés, robotisés, psychanalysés... qui seront aux maisons closes d'avant-guerre ce que* Mammouth-écrase-les-prix *est au commerce de détail où la fromagère est bien faite comme ses camemberts, la boulangère a de belles miches et la mercière débite des pelotes. (Faites la contrepèterie de cette dernière affirmation et tirons l'échelle.)*

Le One-Two-Two, le Sphinx et le 6 de la rue des Moulins où Toulouse-Lautrec allait exercer tous ses talents font partie d'un monde révolu comme la marine à voile, l'infanterie coloniale, la lampe à huile et les messages du général de Gaulle.

Les vieux verseront encore quelques larmes sur leurs chers bobinards avant d'aller rejoindre Mmes Adèle, Hortense ou Germaine boulevard des allongés. Et les jeunes, eux, ils s'en foutent, croyez-moi, comme de leur première paire de baskets, de nos lanternes rouges et de nos volets clos.

12

Je retrouve Alphonse chez lui, après la publication de *la Fermeture.* Il est heureux, ça marche, ça pourrait marcher mieux, il grommelle contre son éditeur, il n'arrête pas de râler contre les éditeurs. Il a repris le manuscrit de *l'Education d'Alphonse,* il a toujours deux ou trois livres en chantier. En principe, c'est celui-là qu'il va terminer. Entre deux grommellations, deux râlages et l'inspiration qui le ramène soudain à son cahier, j'essaie de progresser dans la préparation de cette série télévisée sur lui : « Quel roman que ma vie ».

Il lève les yeux de son ouvrage, me regarde, s'aperçoit de ma présence, et, de sa célèbre voix traînante :

« Ma vie c'est sûr que c'est un roman... avec tellement de trucs incroyables. C'est surtout les rencontres, les gueules, les types, les discussions, tout ce qu'on peut apprendre... c'est ça qu'il faudrait pouvoir montrer, faire revenir comme ça à la surface... En vrac, en désordre, le bouillonnement du passé... Tu peux pas savoir... Écoute, regarde, ma première rencontre avec Lino Ventura... Il tournait *la Métamorphose* et il voulait me voir... moi depuis cinq ans, je crachais mes poumons de taule en sana et j'avais pas eu lourd d'occasion d'aller au cinéma... il me téléphone, me donne rendez-vous dans un café... je lui dis : « Mais comment je vais vous reconnaître ? » Et Céline... j'ai rencontré Céline... Tu sais, y a longtemps, c'est vraiment dans les profondeurs, ça, j'ai un peu travaillé pour Albert Paraz qui était le grand laudateur de Céline, qui criait partout : « Mais vous ne voyez pas que c'est le plus grand ? Sartre c'est de la merde à côté, Hemingway c'est rien du tout ! » Et Paraz, pour me faire plaisir, m'envoie chez Céline. Y avait d'énormes chiens qui le défendaient, ils tournaient autour de moi, les bestiaux, c'était impressionnant, et Céline arrive : « Ah, je vous attendais pas, j'ai du travail, gna-gna. » Il me fait asseoir sur un banc, me fait parler de Paraz, qui habitait à Vence. Alors, timidement, je lui raconte ce qui me passe par la tête, qu'un jour il y avait des voisins qui avaient brûlé des herbes, ça faisait de la fumée partout. Paraz était arrivé avec un seau de flotte pour éteindre, il avait fait un faux mouvement et envoyé la flotte à la figure de son voisin. Et ça, ça intéresse prodigieusement Céline, il se met à se marrer, il dit : « Merde, alors, un seau... », puis, dix secondes après, il continue : « Merde, alors, un seau de merde... » Je rectifie, non, un seau d'eau... Mais c'était fini : pour Céline, j'avais lancé le seau de merde, mis des seaux de purin à la gueule du voisin. C'était la transfiguration célinienne. Du coup, il s'est intéressé à moi, il m'a posé des questions. Je lui ai dit que j'étais tubard, à ce moment-là j'avais mes deux pneumothorax, et je me suis mis à parler de ça avec Céline. Moi j'étais très au courant, j'étais vraiment dans le bain, et je me suis aperçu que Céline était en retard d'une vingtaine d'années en ce qui concernait la tuberculose. Il te parlait du Résorcine-Verne, un test qui se faisait plus du tout, il avait des notions qui dataient de 1935, il ne s'était pas recyclé, il disait qu'il avait des tas de livres de médecine, je les ai vus, des grosses encyclopédies qui me paraissaient un peu vieillottes. Je crois qu'il y avait chez Céline le désir peut-être, au fond, d'être un génie médical, qu'il n'a pas été, alors qu'il est devenu un génie littéraire.

« Céline a écrit quelque part : " On est toujours le contraire de ce qu'on écrit. " On a sous le texte qu'on lit un généreux, on rencontre un avare ; on croit un séducteur, on rencontre un con qui emmerde les bonnes femmes... mais pas toujours... »

Une seconde d'arrêt. Je change la cassette du magnétophone, j'en profite pour me poser la question : Boudard ressemble-t-il à son œuvre ? Est-il le personnage qu'il peint ? Voir les chapitres précédents — totalement. Il reprend, il est déchaîné, intarissable :

« Céline c'était bien lui, rigolard et geignard et fou. J'en ai connu un autre : je veux dire un autre Céline, un personnage complètement célinien, c'était le peintre Gen Paul. Je l'ai beaucoup aimé, on a été très amis et, bon, il est mort maintenant... j'allais le voir souvent dans son atelier de l'avenue Junot... j'aimais ses tableaux... qu'on pourrait situer du côté d'Utrillo, ou de Soutine. Il avait fait aussi les illustrations pour le *Voyage au bout de la nuit* ou *Mort à crédit...* Céline parle de Gen Paul dans différents textes. C'est comme pour l'histoire du seau de merde comme pour tout chez Céline, il exagérait immédiatement ! Gen Paul avait été amputé d'une jambe à la guerre de 14, et pour Céline, c'était les deux jambes, il le fait cul-de-jatte, il l'appelle Tronc ! Ça mettait Gen Paul hors de lui... " Ça fait fuir les gens, cette connerie... je ne vends plus de tableaux à cause de ça... " C'était tout à fait normal, inévitable, que Céline rencontre Gen Paul : il aurait pas pu rencontrer, s'intéresser, à Dufy ou Matisse : Gen Paul, c'était Montmartre, une expression totalement montmartroise. C'était un personnage totalement célinien. D'abord, sa jactance, surtout quand il avait un coup dans la crête, son débit, célinien... Autour de lui l'ambiance était complètement celle que l'on retrouve dans les livres de Céline, il avait un esprit qui était très près de celui de Ferdinand, quelque chose qui venait profondément de la rue, qui passait par le pavé. J'ai eu l'impression qu'il avait beaucoup servi de modèle à Céline, qui s'en était servi comme un peintre qui referait toujours le même tableau avec le même modèle. Gen Paul, en dehors du fait qu'il maniait l'argot d'une façon extraordinaire, il avait un culot, un aplomb incroyables. Il était reçu, comme on dit, dans le « grand monde » et il se permettait des trucs... Je l'ai vu, je l'ai vu... un soir on bouffait chez une dame qui achetait ses tableaux, il y avait un tas de gens importants autour de la table, c'était du genre cravate, et puis un type parle un peu fort et Gen Paul veut me dire un truc. Alors il siffle, très fort, d'un seul coup, entre ses doigts, et il crie : « Ta gueule, gros con, faut que je jacte à Alphonse ! » Tu vois le froid que ça peut jeter... Quand il allait dans une galerie et qu'il y avait un tableau qui lui plaisait pas, il pissait dessus. Il se vantait, d'ailleurs, d'être l'homme qui pissait le plus haut de Paris. Quand il était bourré, dans un restaurant, il ouvrait la porte, et il pissait dehors, ou il sortait dans la rue et il pissait à la hauteur des fenêtres... J'ai su que, pendant la guerre, il avait fait un voyage en Allemagne avec Céline, eh oui, et dans un dîner officiel, Céline, qui ne buvait pas, et qui était malin, sournois, avait poussé Gen Paul à déconner. Il lui disait : « Allez, Gégène, fais-nous Adolf ! » L'autre s'était mis du noir sous le nez et avait commencé à faire Hitler devant les Allemands glacés. Gen Paul est aussi l'inspirateur du personnage de Jean Gil dans *la Traversée de Paris* de Marcel Aymé, un mec qui engueule tout le monde... Ça a donné Gabin dans le film d'Autant-Lara. D'ailleurs la fameuse réplique : “ salauds de pauvres ! ” est de lui. Il engueulait vraiment tout le monde, Gen Paul. Quand il donnait du fric à un garçon dans un restaurant, il était généreux, c'était toujours un gros billet, il pouvait pas s'empêcher d'ajouter : “ Pauv' minable, pauv' con, t'es un larbin, tu vas lécher mon cul ! ” Il engueulait les pauvres comme les riches. Il paraît qu'avant-guerre, il avait traité Greta Garbo comme ça... Il avait d'étranges rapports avec les femmes... il faut dire qu'elles avaient du mal à habiter avec lui... c'était un décor à la Zola, une piaule de Zola, complètement dégueulasse, il avait de très beaux costards, une veste de tweed, il essuyait ses pinceaux après, et dans tout ça une espèce d'élégance, une chevelure blanche qui a tenu jusqu'au bout, une gueule de vieux marin, un très grand charme...

« Il ne m'en a jamais rien dit, mais j'ai su qu'il avait été terriblement blessé à la guerre... non seulement sa jambe coupée très haut, mais le corps criblé d'éclats d'obus. Il souffrait tout le temps... il se foutait un peu de la gueule de Céline, avec sa blessure bidon à la tête, tout ça c'était pas vrai, il disait... De temps en temps, il avait des grands coups de gueule contre Céline, il disait : “ C'est un pingre, c'est moi qui suis obligé de payer des huîtres à Mme Céline ”... qu'il appelait la Pipe. Pas pour des raisons cochonnes, mais plutôt “ tête de pipe ”, en abrégé, la pipe... j'ai appris encore des trucs d'argot avec lui, comme avec Céline qui a très bien pigé ce langage de la rue qui produit tout le temps des néologismes. La déformation célinienne des mots, c'est une chose que le petit peuple, le jacteur des rues faisait beaucoup. Par exemple, le mot d'argot pour dire le populo, c'est le trèp, le trèp c'est le troupeau, il avait déformé ça en trèfle, il disait le monde c'est le trèfle... le chat c'est le greffier, il disait grifton, ne pas confondre avec le griveton qui veut dire soldat. Pourquoi ? parce que quand le soldat partait en guerre avec son fusil, les copains disaient : " Alors, tu vas aux grives ", tu vas chasser les grives, d'où griveton... c'est cet esprit d'ironie, c'est ça la gouaille... un autre truc : les macs, les souteneurs, ils avaient besoin d'une feuille de paie, alors ils travaillaient quarante-huit heures, ils prenaient un petit boulot, décharger des trucs, d'où l'expression " aller au charbon ".

« Il y avait comme ça une grande langue populaire. Avec un maximum d'inventions, spontanées, c'est ça le problème, essayer de fixer ces inventions qui sont très fugitives. Ce qu'il faut surtout, c'est ne pas être figé, j'ai peur que la langue s'appauvrisse, je dis qu'une langue a l'argot qu'elle mérite. »

13

Nous sommes dans un de ses restaurants préférés, toujours du genre des restos du marché noir en 1943. Il a tellement eu faim, Alphonse, pendant la guerre et en prison, il me répète ça, qu'il ne peut pas supporter l'idée de la nouvelle cuisine, des chichis aérés, des petites carottes dans une grande assiette. Il lui faut des côtes de bœuf monstrueuses, comme celle qu'il attaque au beaujolais, en m'annonçant d'autres histoires, comme ça, de sa vie :

« Oui, alors, parmi les grands bizarres que j'ai rencontrés, y avait Simenon. C'était pendant toute cette affaire folle de *Cinoche,* où je me trimballais en Suisse avec son fils, on avait été le voir, dans sa maison... Il s'était fait construire un truc étrange, l'idée c'était qu'un jour s'il voulait revendre, il fallait que ce soit une clinique... c'était tout blanc, sinistre. Et il pétait...

— Alphonse, on mange...

— C'est les dures réalités des souvenirs, mon bon ! Simenon, il était pétomane, je connaissais le sujet, ça me passionnait, j'avais lu l'étude de Pagnol sur le fameux Pujol, le pétomane de 1900... le type qui pétait sur scène. Alors, là-dessus, les freudiens, ou je ne sais quoi, en parlent... les gosses rigolent toujours avec ces histoires, et je me suis demandé si certains types arrivés au sommet de la gloire, alors qu'ils avaient réprimé leurs petites envies de péter, on les avait punis étant gosses pour avoir pété en public, tout d'un coup ne se vengeaient pas en pétant ouvertement devant tout le monde. C'était le cas de Simenon. Il pétait comme ça, il disait, ne vous en faites pas, ça ne sent pas mauvais.

« Y avait un autre pétomane, c'était Orson Welles, y avait aussi Coluche, il pétait souvent, il se marrait, il choquait les bonnes femmes. Il paraît que le plus grand de tous les pétomanes, c'était Staline... »

Il reprend des pommes sautées. Il rigole, tape sur la table.

« Écoute... y avait un autre bizarre, c'était Clouzot, j'ai travaillé avec lui sur un projet, mon pote Albert (Simonin) m'avait mis sur le coup... Sa grande spécialité, à Clouzot, c'était d'épuiser les scénaristes. Jacques Laurent avait tenu quarante-huit heures. Simonin trois semaines, il en avait plus que marre, il passait la main, il me proposait de tenter l'expérience...

« J'arrive chez Clouzot, il habitait à ce moment-là près de la porte de Champerret, dans un immeuble neuf, au septième étage, il donnait tout de suite l'impression d'un cerveau incroyable, il avait lu tous mes livres, il cherchait un sujet en rapport avec moi, les mauvaises fréquentations, peut-être le Mal... et il me disait : “ Moi, ce qu'il me faut avant tout, c'est un lieu, une idée de lieu, partant de ce lieu, on va construire une histoire. ” Alors on cherchait le lieu, c'était épuisant, un vampire.

« Le plus étonnant, je crois, c'était la mythomanie de Clouzot. Albert m'avait prévenu... ça l'avait étonné... Clouzot lui avait raconté comment il avait bien conseillé Poincaré en 24, qu'il avait comme ça, lui Clouzot, aidé à sauver le franc. 1924... il devait avoir dans les quatorze ans à l'époque... Moi j'ai eu droit au récit d'une rencontre avec Hitler... C'est vrai qu'à un moment de sa carrière, bien avant la guerre, il a travaillé avec Leni Riefenstahl, au montage, et sans doute qu'à un moment Hitler a bien dû venir les voir, ou être dans le même restaurant, c'est possible. Mais il en rajoutait... Il disait... “ Adolf... Adolf par-ci, Adolf par-là... ” qu'Adolf était amoureux de Leni, qu'il venait dans la salle de montage avec des fleurs... Il me faisait une description de Hitler en Perdican, c'était assez étonnant... Alors Leni, ça l'importunait, cet Hitler qui l'emmerdait à apporter des roses, c'était pas son type, elle voulait pas coucher avec lui, elle entraînait Clouzot, paraît-il, à bouffer toujours avec eux, pour pas être en tête à tête. Et alors là, Adolf disait “ Georges-Henri ”, et lui répondait : “ Oui, Adolf ? ”, “ Georges-Henri, vous fréquentez trop les juifs, à la UFA. ”, et Clouzot concluait : “ Je lui ai dit : ‘ Adolf, vous êtes un insensé... ’ ” J'écoutais ça... il se trouve que le soir même de cette incroyable confidence, j'ai dîné avec lui et Karajan. Parce que Clouzot, qui était en fin de carrière, filmait pour les Américains Karajan et son orchestre dans des grandes symphonies. C'était un dîner assez morne, Karajan parlait pas beaucoup, alors moi, sournoisement, parce que je savais que Karajan avait eu plutôt de bons rapports avec l'Adolf en question, j'ai essayé de remettre la conversation sur le sujet de l'après-midi. J'ai fait un flop terrible, tu peux imaginer. Karajan s'est mis à tousser puis à parler de peinture abstraite. Certainement pas d'Adolf. Quant à Clouzot, il avait pas envie que sa mythomanie soit mise en évidence devant quelqu'un comme Karajan. Ce que j'arrive pas à comprendre, c'est pourquoi Clouzot, qui a réalisé quelques-uns des plus grands films français, qui a été l'un des plus grands metteurs en scène du monde, avait ce besoin de raconter qu'il avait connu, en plus, Hitler, Churchill et tout ça ? Y a comme ça des grands mythomanes, Cendrars, tout le monde le sait, moi ça ne me gêne pas du tout, parce que c'est un poète, Malraux aussi, il y a beaucoup d'affabulation, il y a une part d'escroquerie, mais il est parvenu malgré ça à faire une œuvre d'art, à réussir sa vie. Évidemment, je ne parle pas de la mythomanie de pauvres types, des ratés, des déclassés. Dans les hôpitaux, les prisons, on entend des choses extravagantes. Au sana, y avait un type qui m'avait un jour déclamé *le Lac* de Lamartine. A la fin, il m'avait dit, l'air extasié : " C'est beau, hein ? — Oui, oui ", je lui avais répondu. " C'est de moi ", qu'il m'a dit, ce con. »

14

Alphonse est repu. Il est chez lui, dans sa tanière, son repaire, son canapé profond en cuir, l'air satisfait. Pas de drame ni de gros ennuis de santé en ce moment. Touchons du bois. Comme il est content, il évoque les bons, ceux qu'il a beaucoup aimés.

« On pourrait parler pendant des heures de tous mes potes... c'est vrai qu'on a à peine évoqué le lanternier, mais j'en parle beaucoup dans *le Banquet...* mon ami Louis Nucera qui, non content d'être un bon écrivain, est un vrai champion cycliste. Je partage avec lui la passion du Tour, des Six-Jours, de l'enfer du Nord. On se voit, on se cause tous les jours... Y avait, y avait... Fernand Pouillon, c'était un grand architecte, un type formidable...

« Alexandre Breffort... il *était* le *Canard enchaîné...* de la grande époque... une belle amitié... Un type plein d'inventions verbales, les fameux calembours de Breffort, il avait été camelot pendant longtemps, il vendait des serviettes... je me rappelle quand j'ai signé mon premier livre, je savais pas comment faire, y avait à côté de moi chez Plon un vieux monsieur très digne, canne à pommeau d'argent, col cassé, etc. C'était Wladimir d'Ormesson ; j'avais été voir par-dessus son épaule, il m'avait dit : “ Vous n'avez qu'à mettre : ‘ Hommages respectueux de l'auteur. ' " C'est ce que j'avais mis pour Breffort, qui m'avait répondu : *" Mon cher Alphonse, mais vraiment j'ai l'air si con, hommages respectueux, en recevant ton livre je me suis pris pour l'archevêque de Paris en train de se faire baiser la bagouse au creux d'une tanière gothique.* " Et c'est comme ça qu'a commencé notre amitié... Du *Canard enchaîné* aussi y a eu Henri Jeanson, qui m'a puissamment aidé : c'est aussi grâce à lui que j'ai eu le prix Sainte-Beuve. C'était un grand dialoguiste de cinéma, comme chacun sait : je crois que si, par exemple, Audiard a su très bien faire parler Gabin, lui a *fait parler* Jouvet. Il a merveilleusement réussi Jouvet. C'était aussi un type incroyable. Il faisait la critique cinéma du *Canard*, et il disait : " Je vais jamais voir les films dont je parle, ça pourrait influencer mon jugement... " Il avait de ces mots... Un jour y avait un réalisateur qui voulait lui casser la gueule. Et Jeanson : " Vous n'avez pas honte de frapper un lâche ! " C'est André Hardellet et René Fallet qui m'ont dit, un soir après une bonne bouffe : " Brassens aime beaucoup ton livre, on va aller le voir. " Après le spectacle à Bobino, on a été dans sa loge, pleine de monde, pleine de gens qui venaient lui faire signer des disques, et j'ai su après qu'il souffrait atrocement de ses calculs, on lui faisait une piqûre avant d'entrer en scène... Alors que Gabin, par exemple, je l'avais vu carrément envoyer chier les gens, Georges, lui, malgré sa souffrance, il faisait tout avec beaucoup de gentillesse. Je lui en ai fait la remarque :

— Ça doit être accablant... ?

— Ben oui, m'a répondu Brassens, mais si on fait ce métier faut faire ça. C'est comme ça.

J'aimais beaucoup ses chansons. Encore une fois, je me méfie des rencontres : l'auteur et l'œuvre, ça peut être deux choses très différentes. Mais Brassens, c'était ça, complètement. C'était un type extrêmement simple, qui aimait pas la frime, les grands restaurants, il buvait du gros rouge, ouvrait une boîte de sardines, des crèmes de gruyère... pas de goûts de luxe... il était très profondément pacifiste. Ça lui venait de la guerre : il avait été embarqué au STO, et il m'a raconté qu'il avait un copain qui avait participé à un sabotage contre les Allemands, il avait été le voir en prison avant qu'il ne soit fusillé, et ça l'avait dégoûté à tout jamais. Il me disait : " Mais c'est pas possible de se mettre dans un merdier pareil et d'être fusillé à vingt ans... " Ça a provoqué en lui l'effet contraire, ça a renforcé son pacifisme. Il se méfiait aussi des grands sentiments, genre Brel, qu'il appelait : " l'Abbé Brel ", avec son côté boy-scout. Je crois que ce qui est le plus important, avec lui, c'est qu'à un moment où la chanson allait dans tout un tas de directions, il était complètement en prise directe avec la tradition. Il assimilait très bien les rythmes anglo-américains, le jazz, mais Jeanneton la jeune bergère, trouvant dans l'herbe un petit chat, c'est le XVe siècle, tu vois, et il adorait ça. Et il nous donnait ça tout frais, il disait : " C'est pas mort ", c'est là, c'est formidable un auteur comme ça. C'est ce qu'il y a de mieux, je trouve. Je m'entendais très bien avec lui, on avait des tas de trucs à se dire... c'était un homme extrêmement équilibré, un sage... Plus ça allait, plus il prenait du recul, plus il vivait, comme on dit maintenant, en distanciation. C'était un pessimiste teinté d'une grande indulgence, il disait : " On ne peut pas vivre au XXe siècle sans pessimisme ni esprit de satire. "

— Ça s'applique à Alphonse Boudard...

— Au début au XXe siècle, c'était difficile de vivre sans rencontrer le communisme ou le fascisme. Ça donnait des auteurs comme Malraux ou Drieu. Mais maintenant les baudruches se sont dégonflées. Pessimisme, satire, oui, oui.

« D'ailleurs, ce siècle nous donne tant d'exemples de l'incroyable relativité des choses. Je dois écrire un jour la vie de Joanovici... C'est le maximum dans le genre : Un juif qui dîne en 1942 avec les chefs de la Gestapo... Comment il en est arrivé là, comment il va s'en sortir à la Libération, aller en Israël, revenir, tomber pour fraude fiscale, et mourir dans la misère, lui qui a été milliardaire et qui a arrosé littéralement tout Paris... Je peux pas la raconter ici, il nous faudrait encore cinq cents pages... mais je le ferai, je le ferai. C'est une de mes passions, ce genre de personnages ahurissants, dans un monde complètement fou. La relativité de toutes choses... Un exemple entre mille : José Giovanni a vécu l'histoire qu'il raconte dans *le Trou.* A la fin de son récit, il y a le type qui trahit, et l'évasion est loupée. José m'a dit : “ Pendant cinq ans, pendant dix ans, ce type j'aurais voulu le retrouver pour le tuer. Et puis maintenant je me dis, il m'a sauvé, parce que si je m'étais tiré, qu'est-ce que je serais devenu ? ” Aller avec les gangsters, il aurait peut-être péri sur l'échafaud ou dans un règlement de compte, en tout cas dans la peau d'un mafioso quelconque, c'est tout de même moins bien que d'être José Giovanni, l'auteur du *Trou* et de tous ses livres et de tous ses films...

« Moi c'est pareil... Toutes les haines que j'ai pu avoir, au moment de *la Métamorphose*, pour tous ces cloportes traîtres, et dans l'édition, les films, le théâtre, tous les types qui ont manqué à leur parole... j'ai eu des haines assez farouches, aujourd'hui je m'en fous. L'important c'est d'être dupe de rien.

« L'important... Qu'est-ce qui est important ? On me dit : “ Vous êtes passéiste. Vous ne parlez que du passé. ” C'est vrai que je suis nostalgique... mais j'ai aussi le sentiment d'essayer de préserver quelque chose qui va disparaître... la langue, tout un monde... ma démarche ressemble un peu à celle de Doisneau, qui photographie les petites choses, les petits mecs, la rue, tout un côté populaire... La taule m'a fait sentir physiquement cette disparition. Un jour tu t'en vas, tu es bouclé, tu sors je ne sais plus combien d'années après, et crac ! t'as les tours de La Défense devant toi... Ça fiche un sacré coup dans la gueule... Si j'étais resté comme ça dehors, j'aurais vu les choses changer petit à petit... la taule m'a montré la rupture. »

Il se fait tard. Alphonse bouge sa grande carcasse, va à la fenêtre, regarde le soir tomber sur son Paris à lui, c'est pas pour rien qu'il habite près de Pigalle.

Il est près d'un agrandissement encadré d'une photo montrant Brassens lisant *les Combattants du petit bonheur.* En somme, le symbole de sa vraie réussite.

« Je suis un peu fataliste. J'ai toujours tendance à me dire que tout ce qui s'est passé devait se passer, que tout a été comme ça devait être, et que ça devient ce que ça doit être.

« Tout dépend aussi de ce qu'on attend de la vie, si c'est pour réussir, vraiment réussir, peut-être que je donnerais des conseils... qui iraient tout à fait à l'opposé de ce que j'ai vécu un peu à la godille... je n'y peux rien, c'est comme ça...

« Céline disait : " L'expérience est une lanterne sourde qui n'éclaire que celui qui la porte. "

« Les gens qui lisent mes bouquins... ils sont beaucoup sans doute à être d'accord avec mon esprit anarchisant... mais est-ce qu'ils vont être tous immunisés contre les idéologies... je ne sais pas... »

Comme il est un peu triste, là, dans la pièce qui s'assombrit, je lui raconte une autre anecdote sur Céline :

Il paraît qu'un jour il reçoit Antoine Bondin, et qu'il lui dit : “ Ce qu'il y a de bien avec tes livres, c'est qu'ils sont tous petits, quand ils me tombent des mains ils me font pas mal aux pieds... ”

« Céline a pas dit ça de mes livres. Il est mort avant. »

15

Extrait de la thèse de M. Stéphane Devin, *Alphonse Boudard, l'écriture du conteur,* faculté de lettres d'Amiens, septembre 1986 :

Si nous demandions à un médecin de quoi souffre Alphonse, son diagnostic serait le suivant : « Notre ami est en proie à une logorrhée aiguë ; il ne peut se taire sous peine de disparaître. » Boudard ne cesse de dire qu'il est un raconteur d'histoires ; son plaisir de raconter se traduit par la volonté de donner l'impression de sa présence. Conteur qui se déplacerait de village en village, colportant les faits mémorables d'un être, les anecdotes qui passent inaperçues dans l'histoire, notre narrateur-auteur n'a pas assez d'une voix pour communiquer avec la multitude d'auditeurs. Son écriture, symbolisée par la voix, révèle plusieurs vocations : la première est celle du conteur qui ne peut s'empêcher de donner une suite à ses histoires. En prison, à l'hôpital, lorsque l'homme est seul, Alphonse exorcise la solitude et la mort en se perdant dans un dédale discursif. Le souvenir, le vécu, le fictif permettent à l'auteur de dresser une fresque vivante qui a le don d'hypnotiser. La seconde est une réjouissance intellectuelle, l'allégresse spirituelle face à la création d'un texte ; la volonté de faire croiser un apprentissage littéraire et une expérience purement orale. D'une timidité exacerbée, l'individu se réfugie dans la carapace du narrateur qui devient par là même personnage dramatique.

Comme Molière, il fait rire, dénonce les vices en attisant le feu sacré du comique, comme Rabelais il est insatiable parleur qui puise dans le registre grossier, truculent ; dignes des meilleurs passages scatologiques rabelaisiens, les romans, et nouvelles de Boudard exposent des sentences mémorables, des expressions croustillantes tirées du vocabulaire populaire. Boudard, face à un monde terne, narre de petites histoires comiques, des faits divers... Dans une vision désabusée, le discours possède des vertus immunitaires. La voix qui parle, le rire cynique, les signes d'oralité sont une stratégie de couverture de celui qui les utilise.

Ainsi, parcourant l'œuvre d'Alphonse Boudard aux apparences légères, burlesques, nous devons nous interroger sur son écriture... l'écriture du conteur. Toute pudeur mise à part, Boudard caricature la société, ceux qui ne l'illustrent pas toujours dans le bon sens, il inscrit des gros mots pour combattre les grands mots et se retranche derrière une barrière linguistique qui l'immunise de toute attaque. Son débit verbal construit un véritable « mur de son » dont le pouvoir est de protéger celui qui parle. Ce qui importe le plus pour l'auteur, c'est l'impression qu'il peut donner au lecteur ; la reproduction du naturel de la conversation est destinée à montrer que de la parole émane une onde émotive qui paralyse l'auditeur et lui fait oublier son existence trop morne.

Boudard agit de manière remarquable ; il décrit la réalité telle qu'il la perçoit ou il la peint à gros traits et, par cela seul qu'il produit cette description, il écarte cette réalité en ce qu'elle a d'affligeant. Ainsi, écrire sur quelque chose, quelqu'un de triste ou de grave, le décrire est aussi gommer les traits qui le rendent terne. Les sujets traités par l'auteur sont toujours des scènes de la vie quotidienne dans une société populaire... Le proxénète, la putain, le soldat, les concierges, les malades et les prisonniers font partie de sa cour des miracles... Le sexe, le vice, la violence, les petits sentiments qui se terminent en corrida sexuelle sont le lot des histoires de Boudard. Cette réalité marquante, horrible, est le reflet de l'homme, de son comportement... C'est aussi une manière de dire : « Regardez comme nous sommes. » Parvenir à se regarder dans toute son horreur, entièrement, être et non paraître, Boudard le fait. Usant d'une langue idoine, il narre ce qui fait rire et qui pourtant n'est pas risible. Un prisonnier qui se fait « avoiner sévère » n'a de comique que la lâcheté de celui qui l'a vendu... Une vieille putain qui se fait battre puis violer cependant que son compagnon est roué de coups jusqu'à ce que mort s'ensuive n'a de risible que son comportement et son accoutrement... Elle n'a pas de culotte, voilà ce qui fait rire.

Boudard dans les situations tragiques trouve le détail qui crée l'éclat de rire général. Mourir n'est rien tant que la mort est écrite par Boudard. Y réfléchir avec du recul n'est pas conseillé. Ce qui est grivois, coquin, exorcise le reste, c'est-à-dire le grave.

Godard dit à propos de Céline : « Le seul terme qui pouvait être mis à la narration est celui qui était mis en même temps à l'existence du narrateur. »

16

En guise de fin, ne faut-il pas évoquer, comme il l'a fait dans *le Banquet des léopards*, ce Vulcanos qu'on pourrait remplacer par Alphonse ?

J'ai été tout seul me promener sur le haut de Bicêtre, vers le fort. Un secteur, à la nuit tombante, plutôt désertique... des terrains vagues, l'herbe rase... de quoi se faire agresser par les loubards, les manouches... toutes les engeances en quête d'un coup fourré... lame en pogne, chaîne de vélo virevoltante. Je me baguenaude toujours n'importe où, sans me soucier des assaillants malfrats... inconscient de tous les dangers.

Toujours est-il que je me suis posé sur un petit tertre, une petite butte pour rêvasser... revenir en arrière sans doute, retrouver flaches-baques l'époque où ces terrains vagues je les fréquentais avec Mimile, Neunœil, Musique, « les combattants du petit bonheur ». A se demander si je me suis pas endormi, si je n'ai pas rêvé... mais tout à coup je l'ai aperçu devant moi... Vulcanos ! Sa silhouette athlétique, sa grande carcasse, son crâne quasi tondu ! A quelques mètres... il vient vers mois de sa démarche chaloupée... de noir vêtu... pas à se gourer, à le prendre pour Chaban-Delmas, Schreiber-Servan... ce n'était pas possible. Son coup de fil annonciateur du prix littéraire, c'était de quand?... trois-quatre jours auparavant. J'avais essayé de le rappeler... pas de réponse ni le matin ni le soir. Ça lui arrivait de barrer en province, à Châtellerault, Carpentras, Montélimar pour y aller vaticiner. Dans un grand hôtel il s'installait quelques jours, avec une annonce dans la presse locale... y avait pas à s'étonner outre.

La surprise tout de même qu'il ne soit qu'à Biscaille et justement en train de se glander dans le même terrain vague pouilleux, à la même heure que moi.

— Vulcanos! Merde alors! Qu'est-ce que tu fous là?

L'étrange qu'il ne m'ait pas répondu. Je m'étais levé, j'avançais à sa rencontre, cordial, tout prêt à repartir en arnaque avec lui, refourguer un poste ogival Radiola... des fringues... que sais-je? Au moins aller sécher un gode dans un rade vers la porte d'Italie. J'étais certain avec cézig, malgré ses gueulantes, ses beuveries, tous ses défauts, de me marrer mieux qu'avec les rats de ciné-club, les menues chochottes des coquetèles littéraires. C'était le dernier pour ainsi dire des Mohicans. Depuis quelques années ils se faisaient tous la valise, mes potes fauves, monstres, mes personnages, ils s'éparpillaient dans les cirrhoses, les infarctus... le crabe les bectait en métastases... certains disparaissaient sans qu'on sache ni où ni comment! Il me répondait toujours pas Vulcanos... et puis l'impression curieuse, désagréable d'avancer sans que ça me rapproche. Merde! Tout de même il me voyait, il me scrutait de ses châsses, je vous ai dit, un peu en amande... fendus asiates, bleus très perçants. Il s'est arrêté brusque et il s'est mis tout à coup à se marrer de son grand rire fracassant, énorme! Ça m'a stoppé net, moi... pas eu le temp d'ouf, de quoi que ce soit! De mes yeux vu, croix de fer croix de bois... je l'ai vu s'élever dans le ciel déjà obscur de la banlieue... s'envoler... parfaitement... à la verticale comme un hélicoptère! Mais alors avec une sorte de grâce... rien de mécanique... et son rire toujours tonitruant qui emplissait l'atmosphère se répercutait en écho vers le fort. Autour de lui ça faisait une sorte de lumière bleue éblouissante. Il a pris du temps à monter, monter... je ne sais plus au juste, j'étais là cloué, sidéré. Il est devenu un petit point de plus en plus indistinct. Il a fini par se confondre avec les étoiles. Je ne rêvais pas... un coup de froid m'a saisi soudain, m'a sorti de ma torpeur. Je pouvais pas rester là toute la nuit. Fallait bien que je rentre à mon bercail.

J'avais jamais osé raconter ça à personne... aux copains qui me demandaient de ses nouvelles, au mage... qu'on le voyait plus... qu'il ne passait plus de publicité dans les journaux. Comment me croire ? Enfin, je vous livre ce que j'ai vu, vécu... j'ai pas l'habitude d'enjoliver les histoires. On va douter, certes, de ce récit... pourtant ça serait le cardinal archevêque qui vous bonirait quelque chose de semblable en chaire, à Notre-Dame pendant le Carême, on irait pas le contester ! Ça deviendrait une Vérité révélée... Je n'en demande pas tant.

TABLE

I. LA CERISE 7

II. LA MÉTAMORPHOSE DES CLOPORTES 141

Aubin Imprimeur
LIGUGÉ, POITIERS

Achevé d'imprimer en mars 1988
N° d'édition 11694 / N° d'impression L 24687
Dépôt légal, mars 1988
Imprimé en France